DE LA CONDEMNATIO

EN DROIT ROMAIN

DE L'EFFET DÉCLARATIF DU PARTAGE

EN DROIT FRANÇAIS

THÈSE POUR LE DOCTORAT

PRÉSENTÉE PAR

Louis-Marcel MARÉCHAUX

AVOCAT A LA COUR D'APPEL DE PARIS

Né à Mantes (Seine-et-Oise), le 14 juin 1855.

Soutenue publiquement le jeudi 23 janvier 1879, à 2 heures.

PARIS

TYPOGRAPHIE N. BLANPAIN

7, RUE JEANNE, 7

1879

A MA GRAND'MÈRE

————

A MON ONCLE PAUL CADIOU

————

DROIT ROMAIN

DE LA CONDEMNATIO [1]

INTRODUCTION

On connaît la marche d'une action sous l'empire de la procédure formulaire à Rome ; on sait par quelle suite de formalités devaient passer les plaideurs pour arriver à un résultat et voir leur différend tranché par la justice. Nous n'avons pas ici à entrer dans les détails d'une procédure assez compliquée par elle-même, ni à donner des développements sur un sujet qui, par son étendue, dépasserait de beaucoup les bornes de ce modeste travail ; cependant, il nous semble à peu près impossible d'aborder le point que nous nous proposons de traiter, sans jeter un coup d'œil en

---

(1) Nous croirions manquer à la fois de délicatesse et de reconnaissance, si nous ne déclarions ici que les idées développées dans le cours de ce travail ont été empruntées en grande partie aux leçons de notre savant maître, M. Accarias (Cours de Pandectes. Année scolaire 1876-1877).

arrière, et sans examiner sommairement les faits juridiques qui se sont produits dans le cours de cette procédure, jusqu'à l'endroit où nous nous proposons de l'étudier.

La distinction du *jus* et du *judicium* remonte à une haute antiquité; elle existait au temps des *legis actiones* et ne constitue pas, du reste, un caractère distinctif de la procédure formulaire. L'audience était double, le procès avait deux phases bien distinctes; dans la première, on se présentait devant le magistrat, dont le rôle consistait à *préparer* le procès, à *ordinare judicium*; dans la seconde, on se présentait au juge qui tranchait la question.

L'époque à laquelle remonte cette distinction n'est pas déterminée; les uns, pour certaines actions du moins, la font remonter aux Douze Tables; d'autres vont encore plus loin et trouvent son origine dans les commencements mêmes de la monarchie romaine; c'est ce qui explique que les rois sont représentés comme rendant la justice eux-mêmes (1).

Gaius (§ 15, IV), à ce sujet, nous parle d'une loi *Pinaria*, relative à la dation du juge : « *Adjudicem accipiendum venirent, postea vero reversis.... XXX judex, idque per legem Pinariam factum est, ante eam autem legem.... dabatur*

(1) Voy. à ce sujet Cicéron, *Traité de la Republique*, V, 2. — Denys d'Halycarnasse, X, 1.

judex. » Cette lacune restée célèbre, a fait le déses-
poir des commentateurs; le sens du texte de Gaius
et la portée de la loi *Pinaria* varieront en effet,
suivant qu'on la comblera par le mot *nondum,*
par le mot *confestim* ou par le mot *statim,* avec
les différents interprètes.

Quoi qu'il en soit, nous nous bornerons à dire
ici que la distinction du *jus* et du *judicium* est
très-ancienne, et qu'elle existait à l'époque de la
loi *Pinaria.* Quant à la date de cette loi, elle est
elle-même incertaine. Peut-être est-ce l'année 280
de Rome, où vivait un consul du nom de Pina-
rius; peut-être l'année 322, où vivait également
un tribun militaire du même nom, investi de la
consularis potestas.

Sous l'empire de la procédure formulaire, le
magistrat délivre une formule, c'est-à-dire un
écrit dans lequel il trace la conduite que doit tenir
le juge. Cette formule lie le juge et désormais il
ne saurait s'en écarter. Quand Justinien vous dit :
(*Pr. De officio jud.,* IV, 17, *Instit.*) : « *In primis
illud observare judex ne aliter judicet quam legi-
bus aut constitutionibus aut moribus proditum
est,* » il émet un principe vrai pour son temps,
mais inexact pour l'époque formulaire. A cette
époque la mission du juge doit se borner à suivre
mot à mot la formule, fût-elle absurde. Cicéron
nous en donne un exemple dans sa deuxième Verrine (*liv.* 2, XII). Il cite un exemple de formule
ainsi conçue : « S'il paraît que Publius Servilius

soit propriétaire de tel fonds et que ce fonds n'ait pas été restitué à Quintus Catulus, juge, condamne.... » Cette formule est évidemment inique, puisqu'elle ordonne de condamner le défendeur s'il ne restitue pas à une autre personne un fonds dont il a lui-même la propriété ; néanmoins, le juge devra condamner, et c'est ce qui fait dire au grand orateur que notre avoir est entièrement entre les mains des magistrats (1).

Les choses étant en cet état, le procès peut avoir trois issues ; il peut 1º se terminer par une absolution ; 2ª par la condamnation du défendeur ; 3º il se peut qu'il n'y ait ni condamnation ni absolution.

Nous nous proposons d'étudier spécialement ici la *condemnatio*, et par ce mot, nous entendons deux choses distinctes, il est vrai, mais dont la seconde est la conséquence directe de la première.

1º La partie de la formule qui donne au juge le pouvoir de condamner ou d'absoudre.

2º La sentence prononcée par le juge qui condamne le défendeur.

---

(1) Voy. un autre exemple de ce genre dans la *Divinat. in Cecil.*, nº 17.

PREMIÈRE PARTIE

DE LA PARTIE DE LA FORMULE APPELÉE
CONDEMNATIO

§ 1. — *Généralités.* — *Pouvoirs conférés au juge par la condemnatio.*

On connaît les différentes parties qui composent la formule. Elle contient d'abord, en premier, la nomination du juge ou des récupérateurs. « *Judex esto*, ou *recuperatores sunto;* » tels sont les premiers mots de la formule. Vient ensuite l'instruction donnée au juge par le magistrat comprenant quatre parties : La *demonstratio*, l'*intentio*, l'*adjudicatio* et la *condemnatio*. Ce sont les parties principales de la formule, par opposition aux exceptions et aux prescriptions qui en sont les parties accidentelles. Il ne faudrait pas cependant croire que toutes ces parties dussent toujours et nécessairement se rencontrer dans chaque formule. Ainsi l'*adjudicatio* se trouvera dans trois actions seulement, la *demonstratio* et la *condemnatio* manquent quelquefois; seule l'*intentio* existe dans toute action (Gaius, § 44, IV). Elles sont principales, en ce sens qu'on retrouvera toujours dans chaque formule, soit toutes ces parties réunies, soit seulement quelques-unes d'entre elles, tandis que les exceptions et prescriptions ne s'y rencontreront qu'accidentellement, par suite de circonstances particulières, et non par suite de la nature de l'action.

La formule est donc le pouvoir que le magistrat donne au juge de condamner ou d'absoudre une personne suivant que telle prétention élevée par une autre personne est ou n'est pas fondée.

Elle contient en général : l exposition d'un fait base d'une prétention, une prétention, ensuite l'expression du pouvoir de condamner ou d'absoudre.

Cette dernière partie de la formule, ce pouvoir que le magistrat confère ainsi au juge, en est pour ainsi dire le complément indispensable ; on ne voit pas, en effet, en quoi il servirait au demandeur, d'avoir établi devant le juge le bien-fondé de sa prétention, si celui-ci n'était pourvu de pouvoirs suffisants pour obliger le défendeur à la reconnaître et à donner satisfaction. Ce caractère de la *condemnatio* nous semble avoir été merveilleusement exprimé, par M. de Savigny, quand il l'a appelée la *partie pratique* de la formule ; son rôle est donc très-important, et dans toute formule, nous la rencontrerons, sauf ce que nous dirons plus loin sur les actions préjudicielles.

Nous définissons ainsi la *condemnatio*. « Le pouvoir que le magistrat confère au juge de condamner ou d'absoudre. » *Ea pars formulæ, quâ judici condemnandi absolvendive potestas permittitur* (Gaius, § 43, IV). Ces deux pouvoirs sont inséparables et ne forment pour ainsi dire qu'un seul. *Qui damnare potest*, dit Paul (3, *de re judi-cat.*, XLII, 1), *is absolvendi quoque potestatem ha-bet*, et Ulpien (37, *de Reg. jur.*, L. XVII), « *nemo qui condemnare potest absolvere non potest.*

Mais ce pouvoir du juge s'arrêtait-il là? Ne fal-lait-il pas lui reconnaître également le droit de condamner le demandeur quand celui-ci se trou-vait débiteur d'une somme plus grosse que celle qu'il réclamait? La question ne nous semble pas douteuse, et il suffit de jeter un coup d'œil sur les exemples que nous fournissent les Commen-taires de Gaius pour nous convaincre que le ma-gistrat ne conférait jamais un pareil droit. « Juge, disent toutes les formules, condamne le défen-deur à payer au demandeur..... » De la condam-nation du demandeur, il n'en est jamais question. En conséquence, quand le demandeur, dans un procès, se trouvait devoir au défendeur plus qu'il ne réclamait lui-même, et quand cette contre-créance du défendeur était soumise au juge par voie de compensation, nous ne pensons pas qu'il pût condamner le demandeur pour la somme excé-dant le montant de sa propre créance. Ceci ressort avec évidence de la loi 18, § 4, *Commod.*, XIII, 6. Le texte suppose que j'ai reçu une chose en com-modat; le propriétaire me la réclame; de mon côté, je suis devenu créancier du réclamant au sujet de la chose prêtée. Si ma créance est égale ou inférieure à l'objet de la prétention du deman-deur, je puis me défendre en invoquant la com-

pensation; mais il se peut que ma créance soit supérieure, et alors *l'actio commodati contraria*
me sera indispensable. Rien ne prouve mieux que
le juge ne pouvait condamner le demandeur.

Un texte cependant a donné lieu à difficultés.
Justinien (14, *de Sent. et Int.*, C. VII, 45) rapporte que Papinien avait décidé que le demandeur pourrait être condamné, dans le cas où lui-
même *e contrario obnoxius fuerit.* Voici le texte
de la Constitution : « *Cum Papinianus, summi in-
genii vir, in quæstionibus suis rite desposuerit,
non solum judicem de absolutione rei judicatæ sed
et ipsum actorem si e contrario obnoxius fuerit
inventus, condemnare; hujusmodi sententiam,
non solum roborandam sed etiam augendam esse
sancimus, ut liceat judici, vel contra actorem
ferre sententiam, et aliquid eum daturum vel fac-
turum pronuntiare : nulla ei opponenda excep-
tione, quod non competens judex agentis esse
cognoscatur. Cujus enim in agendo observat arbitrium, eum habere, et contra se judicem, in eodem
negotio non dedignetur.* » Justinien, suivant nous,
a mal compris la pensée de Papinien; nous
n'avons pas le texte même où se trouvait contenue la décision de ce jurisconsulte, mais il est
plus que probable qu'elle s'appliquait seulement
au cas où le défendeur faisait valoir sa contre-
créance par voie] d'action reconventionnelle. Des
auteurs ont, en effet, conjecturé que déjà sous
l'empire de la procédure formulaire, une demande

reconventionnelle pouvait être intentée et que le résultat de cette demande était la possibilité d'une condamnation pour l'une ou l'autre partie. Ces auteurs s'appuient notamment sur un texte de Cicéron (*De off.* III, 17), où il est dit à propos des actions de bonne foi : « *In his, magni esse judicis statuere (præsertim cum in plerisque essent judicia contraria) quid quemque cuique præstare oporteret.* » Ce qui est certain, c'est qu'il y avait nombre de cas en dehors de la procédure formulaire, dans lesquels le magistrat statuant *extra ordinem* pouvait tenir compte des demandes reconventionnelles. « *Hæc omnia*, dit Ulpien (1, § 15, *De Extr. cogn.*, L. 13) *si apud pæsides petantur, videamus an de mutuis petitionibus possint præsides cognoscere? Et putem debere admitti.* C'était probablement à cette hypothèse que se référait Papinien et sa décision était très-rationnelle, puisqu'ici le magistrat n'était enchaîné par aucune formule.

Dans les actions doubles, *Fam. ercisc.*, etc., chaque plaideur étant à la fois demandeur et défendeur pouvait être condamné.

Il en était de même dans les interdits *utrubi, uti possidetis.*

§ II. — *De l'objet de la condemnatio.*

Au temps des *legis actiones*, la condamnation pouvait quelquefois procurer au demandeur la chose même qu'il réclamait ; à partir du système de la procédure formulaire, il n'en fut plus ainsi. L'objet de la *condemnatio* fut toujours une somme d'argent. Gaius (§ 48, IV), à ce sujet, s'exprime ainsi : « *Omnium autem formularum quæ condemnationem habent, ad pecunariam æstimationem condemnatio concepta est. Itaque, etsi corpus aliquod petamus velut fundum, hominem, vestem, aurum argentum, judex* NON IPSAM REM CONDEMNAT EUM CUM QUO ACTUM EST SICUT OLIM FIERI SOLEBAT, *sed æstimata re, pecuniam eum condemnat.* »

Ce principe conduit à des inconvénients si graves que son existence même a été mise en doute, malgré le langage si précis et si formel de Gaius. Pour nous, tout en reconnaissant l'existence de la règle, nous devons en signaler les déplorables conséquences. Le plus grand inconvénient était évidemment, que jamais le demandeur ne put obtenir l'objet de sa demande. Une personne lui doit telle chose : c'est d'une somme d'argent qu'il devra se contenter. De même, en matière de propriété et d'actions réelles, le demandeur peut tenir beaucoup à la chose qu'il réclame et qui lui appartient, et cependant le juge sera impuissant à la lui procurer. C'est surtout en cette matière qu'apparaît bien tout ce qu'il y avait d'illogique dans le principe de la procédure formulaire. S'il apparaît, disait le magistrat, que telle chose appartienne à Aul. Ag...., la conclusion nécessaire, qui s'impose après un pareil début, semble devoir être un ordre de restitution, et cependant il était loin d'en être ainsi. Oubliant, pour ainsi dire, la première partie de sa formule, le magistrat continuait ainsi : « *Quanti ea reserit Num. Neg. Aul. Ag. condemna.* » D'un autre côté, le demandeur voyait son droit réel se changer en créance et n'obtenait même cette satisfaction incomplète, que lui accordait la justice, qu'à condition que le défendeur fût solvable, cela était évidemment inique.

Ces inconvénients, ce défaut de logique du système formulaire n'avaient pas échappé aux jurisconsultes romains, et c'est ce qui explique que cette procédure ne s'appliqua pas tout d'abord aux actions réelles, mais seulement aux actions personnelles qui avaient conservé la dénomination spéciale d'*actiones* (1).

Zimmern en fait la remarque (2) : « Les formules sont déjà peu propres à faire produire des effets aux droits contre les personnes ; pour en faire des actions réelles, il a donc fallu, à plus forte raison, imaginer un détour. Comment mettre en harmonie la *condemnatio*, dont le but doit être d'obtenir un payement d'une personne avec une *intentio* relative au *meum esse?* Au contraire, pour les actions personnelles, l'*intentio* contient une prétention relative à une obligation ; lorsque l'obli-

---

(1) Actio in personam infertur ; petitio in rem ; persecutio in rem vel in personam rei persequendæ gratia (28, *de Obl. et Act.*, XLIV, 7).

(2) *Traité des Actions*, § LIII. Traduct. Etienne.

galion, dans ces dernières, tend à un fait ou à la prestation d'une chose, la *condemnatio*, à la vérité, ne peut produire la réalisation de ce fait ou la prestation de cette chose, elle doit remplacer ce fait ou cette prestation par une somme d'argent qui en est l'équivalent; mais enfin ce n'est encore qu'une obligation substituée à une autre obligation. Une formule avec une *intentio in rem* n'a donc dû s'introduire que difficilement. »

C'est ce qui explique également qu'une fois la procédure formulaire introduite dans notre matière le *sacramentum* continua à subsister si longtemps, puisqu'au temps de Gaius nous le retrouvons à côté de la *sponsio* et de la *formula petitoria* (Gaius, § 95, IV). Le *sacramentum* avait en effet cet énorme avantage sur les deux autres procédés d'aboutir à une restitution en nature (Gaius, § 48, IV).

C'est ce qui explique enfin que lorsqu'en dernier lieu s'introduisit la troisième forme de procéder, qui fut la *petitoria formula* (1), la *condemnatio* subit une modification importante et fut subordonnée à la non-obéissance au *jussus* du juge.

Du reste, bien que la théorie contraire ait été soutenue, nous ne pensons pas, que toutes les actions sous l'empire de la procédure des *Legis actiones*, dussent aboutir nécessairement à procu-

______

(1) Cette introduction eut lieu probablement au temps de Cicéron.

rer au demandeur la chose même à laquelle il avait droit. Cela était vrai seulement des actions réelles, et quand Gaius nous dit : *Judex non ipsam rem condemnat eum cum quo actum est,* SICUT OLIM FIERI SOLEBAT, il se place dans l'hypothèse d'une action réelle et ce serait exagérer la portée de l'argument qu'on veut tirer de ces mots : *sicut olim fieri solebat* que de l'étendre aux actions personnelles.

L'utilité que présentait la condamnation pécuniaire se rencontrait en effet dans les actions de la loi, comme dans la procédure formulaire. Sous les deux systèmes, en effet, les voies d'exécution devaient aboutir à la vente du patrimoine du débiteur, avec cette différence toutefois, sans intérêt pour le sujet qui nous occupe, que, dans les actions de la loi, ce patrimoine était vendu comme accessoire de la personne du débiteur. Les biens vendus, il fallait établir une contribution entre les créanciers et la condamnation pécuniaire avait cet avantage, dans les deux systèmes, de déterminer à *priori* la part revenant à chacun.

De plus, sous l'empire des actions de la loi comme sous la procédure formulaire, c'était un principe généralement admis qu'un débiteur ne pouvait être contraint à faire. D'un autre côté, toute obligation se résout en dernière analyse à une obligation *ad faciendum.* Comment donc arriver à l'exécution dans cette hypothèse? Par une condamnation pécuniaire représentant l'intérêt que le créancier attachait à l'exécution de l'obligation. Ceci nous semble tout au moins probable.

Les motifs étant les mêmes dans les deux procédures, on ne voit pas pourquoi la règle eût été différente à chacune de ces deux époques, et s'il restait quelques doutes à ce sujet, la rédaction de la formule de la *manus injectio* (Gaius, § 21, IV), se référant à une condamnation pécuniaire suffirait pour les dissiper.

Reste à se demander maintenant pourquoi, sous le régime de la procédure formulaire, les actions *in rem* ont abouti à des condamnations pécuniaires. On a donné à ce sujet deux explications également admissibles. Sous l'empire de la procédure formulaire, la *litis contestatio* a un effet jusqu'alors inconnu, elle remplace le droit déduit en justice par un droit nouveau qui naît *quasi ex contractu*; ceci revient à dire que, dans notre hypothèse, à compter de la *litis contestatio*, le droit réel est remplacé par une créance, et par conséquent, le résultat auquel aboutit l'action doit être le même que celui d'une action personnelle.

D'autre part, il faut se rappeler que les formalités des *legis actiones* étaient inaccessibles aux pérégrins; ils ne pouvaient agir *per sacramentum*, ni affirmer que l'objet leur appartînt *ex jure quiritium*; quand donc des pérégrins étaient parties dans une action *in rem*, la condamnation ne pouvait se baser sur la reconnaissance d'un droit de propriété, mais sur la puissance du préteur.

La *condemnatio* était donc pécuniaire : on peut conjecturer que ce principe subsista et continua de s'appliquer aux actions *in rem*, quand les citoyens commencèrent eux-mêmes à se servir des formules.

Ces deux explications ont été critiquées cependant. La seconde, a-t-on dit, n'est qu'une simple conjecture, une supposition que les textes ne viennent pas corroborer. Quant à la première, elle ne résout pas la question ; on peut, en effet, se demander pourquoi la *litis contestatio* a commencé à produire un effet si nouveau à partir de la procédure formulaire?

A cela nous répondrons que, dans une matière aussi obscure que celle-ci, et dans le silence complet des textes, on est forcé de se contenter de conjectures.

De plus, nous pensons que, si la *litis contestatio* introduisit un changement aussi radical dans le résultat du procès, ce fut, nous pouvons dire, avec préméditation, et après mûre réflexion des jurisconsultes romains. La *condemnatio* pécuniaire avait en effet l'avantage de mettre les risques à la charge du débiteur, aussitôt la sentence prononcée ; ce fut ce qui les frappa, et ils n'aperçurent probablement pas les inconvénients résultant de leur système, inconvénients auxquels la pratique devait remédier plus tard.

§ III. — *Classification des condemnationes.*

Après avoir défini la *condemnatio*, Gaius, § 43, nous en donne trois exemples. Le premier est ainsi conçu : « *Judex Num. Neg. Aul. Ag. Sestertium X millia condemna si non paret absolve.* » C'est la *condemnatio certa* ou *certæ pecuniæ*.

Le deuxième exemple est celui-ci : *Judex Num. Neg. Aul. Ag. duntaxat (X. millia) condemna si non paret absolvito.* » C'est la *condemnatio cum taxatione* (les mots *Decem millia* ont été restitués).

Quant au troisième exemple, le manuscrit de Gaius nous le donne incomplet; il est ainsi conçu : *Judex N. N. X. millia condemnato, et reliqua,* UT NON ADJICIATUR D. T. Ce texte a été restitué de différentes façons. M. Pellat propose de faire suivre ces mots : *ut non adjiciatur,* de ceux-ci : *si non paret absolve.* Cette restitution nous semble inadmissible. On ne voit pas, en effet, ce qui distinguerait ce troisième modèle du premier; on ne voit pas, non plus, pourquoi les mots *si non paret absolve* feraient défaut ici, d'autant plus que leur existence semble bien sousentendue par ces mots : *et reliqua.* Enfin, cette restitution ne tient aucun compte des deux lettres D. T. M. Giraud propose de dire : *Judex N. N. X millia condemna et reliqua, ut non adjiciatur : Duntaxat decem millia.* Pour que cette restitution soit acceptable, nous pensons qu'il faut retrancher les mots *X millia* qui se trouvent après *Numerium Negidium*. Ce serait alors la *condemnatio infinita;* cette restitution nous paraît préférable, d'autant plus qu'elle reproduit complétement la distinction faite par Gaius aux §§ 49 et suivants.

Nous dirons donc avec lui, la *condemnatio* est ou *certa* ou *incerta.*

Dans le premier cas, le juge doit ou absoudre le défendeur ou le condamner au montant de la somme fixée dans la formule. Il ne peut ni le dépasser, ni rester au-dessous; s'il agissait autrement, il ferait le procès sien. Aucune place n'est laissée à son appréciation.

Dans le second cas, la *condemnatio* peut être *incerta cum taxatione, cum aliqua præfinitione* ou *infinita.* Ici, un certain pouvoir d'appréciation est laissé au juge plus ou moins étendu, suivant qu'il y a ou qu'il n'y a pas *taxatio.* Cette *taxatio* est une limite apportée au pouvoir appréciateur du juge, elle s'annonce par le mot *duntaxat* et constitue un maximum qui ne peut être dépassé, mais le juge peut rester au-dessous. Gaius parle de cette *taxatio* (§ 51, IV), elle est ainsi conçue : *Duntaxat decem millia condemna.*

Enfin, la *condemnatio* peut être *infinita,* c'est-à-dire complétement abandonnée à l'appréciation du juge sans aucune limite, sans aucun maximum, le juge ne relevant absolument que de sa conscience. Elle s'exprime ainsi : *Quanti ea res erit, tantam pecuniam, Judex N. N. A. A. condemna,* ou encore : *Quidquid ob eam rem N. N. A. A. dare facere oportet id judex N. N. A. A. condemna.*

Le pouvoir appréciateur du juge, complétement mis de côté dans les *condemnationes certæ,* se rencontre donc et va croissant quand il y a *taxatio* et *condemnatio infinita* (1).

Voyons maintenant dans quels cas la *condemnatio* sera *certa,* dans quels cas il y aura lieu à *taxatio,* dans quels cas enfin elle sera *infinita.* Nous pouvons poser en principe que la *condemnatio* sera *certa* toutes les fois que l'*intentio* sera elle-même *certæ pecuniæ* (Gaius, § 50, IV), mais il ne faudrait pas exagérer cette idée, et dire qu'il faut absolument une *intentio certæ pecuniæ* pour que l'*intentio* soit de même nature. Gaius (§ 46, IV) nous en donne la preuve dans une formule ainsi conçue : « Si tel patron a été appelé *in jus* par son affranchi sans autorisation du préteur, récupérateurs, condamnez l'affranchi à dix mille sesterces. » Ici l'*intentio* est *incerta* et pourtant la *condemnatio* est *certa.* Nous dirons, en règle générale, que la *condemnatio* sera *certa* toutes les fois que l'*intentio* sera elle-même *certæ pecuniæ,* ou quand il s'agira d'une action ayant pour but

____

(1) Voy. sur ce point Zimmern, *op. cit.*

d'obtenir une peine pécuniaire déterminée à l'avance (1).

Quant à la *condemnatio cum taxatione,* la question est plus obscure. Cependant Gaius (§ 51, IV) nous apprend qu'il n'y a pas lieu à *taxatio* dans les actions *in rem* et *ad exhibendum.* Nous pouvons même conclure de ce passage que, pour qu'il y ait *taxatio,* il faut que l'action ait une *intentio incerta* : « *Est enim,* dit-il, *una cum aliqua præfinitione quæ vulgo dicitur cum taxatione,* VELUTI SI ALIQUID INCERTUM PETAMUS. » Et cela se conçoit, car, quand l'*intentio* est *certa,* elle a pour objet *certa pecunia* ou une autre *certa res.* Dans le premier cas, c'est la somme même qui doit être contenue dans la *condemnatio.* Dans le second, c'est l'estimation de la chose, il n'y a donc pas place pour la *taxatio.*

Ceci posé, reste à examiner le point le plus délicat de la question. Toutes les actions dont l'*intentio* est *incerta,* seront-elles accompagnées d'une *taxatio certæ pecuniæ ?* Ici les textes font complétement défaut; nous pensons cependant que, dans les actions arbitraires, il n'y a pas lieu à *taxatio ;* les textes nous montrent en effet l'*œstimatio* complétement abandonnée à l'*arbitrium* du juge. Il en était probablement de même dans les actions de

---

(1) A l'exemple de Gaius, on peut en ajouter un autre tiré d'un texte de Justinien (Inst., § 1, IV, 5). — Voy. de même 24 *de in jus voc.,* II, 4, Dig. — 1 pr. et 5 § 6, *De his qui eff.,* IX, 3, etc.

bonne foi, où le juge pouvait déférer le serment. Le serment avait lieu en effet *sine taxatione in infinitum* (68, *de Rei vind.*, VI, 1). Toutefois, il ne faudrait pas conclure de là que le juge ne pût pas fixer une limite au serment du demandeur. Ulpien *(4, § 2, De in lit. jur.*, XII, 3) dit formellement le contraire, mais la formule ne contenait à cet égard aucune *taxatio*.

Nous ne pouvons donc à ce sujet formuler de règle précise; cette règle, en effet, ne se trouve exprimée nulle part, et les textes ne nous donnent, à propos de la *taxatio*, que des exemples et point de principe. Gaius, § 224, III, nous dit qu'il y aura *taxatio* dans le cas d'injure atroce. Le préteur devait *œstimare injuriam*, estimation souvent fort délicate et fort difficile à faire que la loi confiait au magistrat de crainte d'exagération. Le juge pouvait bien condamner à une somme moindre, mais il ne le faisait jamais.

Un autre exemple nous est révélé par la *Lex Rubria (cap.* 20). Je mène mon adversaire devant le magistrat pour obtenir la *cautio damni infecti;* si, avant que je l'aie obtenue, le dommage se réalise, on me donnera une *actio fictitia* comme si la *cautio* avait été donnée et la formule aura une *condemnatio cum taxatione*.

Enfin dans Cicéron on trouve un passage (*Pro Tullio*, I. 10) qui semble indiquer un nouveau cas de *taxatio*. C'est à propos du dommage causé *vi hominibus armatis coactisve;* le passage est ainsi conçu : *Judicium vestrum est, Recuperatores, quantæ pecuniæ paret, dolo malo familiæ P. Fabii vi hominibus armatis coactisve damnum factum esse M. Tullio. Ejus rei taxationem nos fecimus.* Tout ce qu'on peut conclure de là, suivant nous, c'est que, si les faits sont prouvés, la *condemnatio* doit être prononcée d'après la base fixée par le demandeur.

Enfin, dans tous les autres cas où il n'y aura pas lieu à *condemnatio certæ pecuniæ* ou *taxatio*, la *condemnatio* sera *infinita*. Gaius, § 50, IV, nous indique notamment deux cas où il en sera ainsi : dans les actions *in rem* et dans l'action *ad exhibendum*.

Les *condemnationes* peuvent encore se classer à un autre point de vue ; les unes sont *in simplum*, les autres *in duplum, triplum, quadruplum :* cette dernière sorte de *condemnationes* comprend elle-même deux classes : 1° actions purement pénales ou mixtes; 2° actions dont la *condemnatio* est portée au double en cas d'*inficiatio*. Dans les premières, le débiteur ne pourra éviter en aucune façon la condamnation au double, au triple, etc. (sauf les règles particulières à l'action *quod metus causa*); dans les secondes, le débiteur évite la *condemnatio in duplum* en payant tout ce qu'il doit avant la *litis contestatio*.

Ces *condemnationes in duplum*, etc., à part le cas d'*inficiatio*, ne se rencontreront jamais en matière d'actions *rei persequendæ gratia*. En sens inverse l'action peut être pénale et cependant avoir une *condemnatio in simplum*. Telles étaient les actions d'injures et *de albo corrupto*.

§ IV. — *De quelques hypothèses particulières.*

Jusqu'à présent nous avons présenté la *condemnatio* comme le complément indispensable de toute formule sans lequel l'action elle-même serait inutile. Nous avons montré le rapport étroit qui l'unit à l'*intentio*, cette partie de la formule où le demandeur expose sa prétention ; sans la *condemnatio*, l'*intentio* n'aurait pas de raison d'être, et d'un autre côté le pouvoir de condamner que le magistrat confère au juge est subordonné à une seule condition : le bien-fondé de la prétention indiquée dans l'*intentio*. La *condemnatio* est, nous le savons, essentiellement pécuniaire et, quand il s'agit d'en déterminer le montant, c'est encore à l'*intentio* qu'il faut se reporter pour estimer l'intérêt engagé au procès. Il est cependant certaines hypothèses dans lesquelles ces principes subiront des tempéraments, et même des exceptions ; c'est d'elles que nous allons nous occuper.

D'abord il existe une sorte d'actions dans laquelle on ne rencontrera jamais la *condemnatio*. Ce sont les actions préjudicielles ; Théophile, dans sa paraphrase (*Inst.* IV. 6. § 13) s'exprime ainsi : « *Præjudicium vero est formula ex sola intentione constans. Neque enim in se condemnationem habet.* » Et Gaius (§ 44. IV) : « *Certe aliquando intentio sola invenitur, sicut in præjudicialibus formulis, qualis est qua quæritur, aliquis libertus sit, vel quanta dos sit et aliæ complures.* » Cette espèce d'actions a pour but d'arriver à la constatation par décision judiciaire d'un fait, constatation dont le demandeur ne prétend déduire immédiatement aucune condamnation, mais qui lui assurera à l'avance pour une époque à laquelle il en aura besoin, la preuve du fait contesté. On comprend que, dans ces formules, la *condemnatio* ne doive pas exister ; elles se composaient d'une seule intention et on peut conjecturer avec Heffter qu'elle était ainsi conçue : « *Judex esto præjudicio, quærito an,* » ou avec Zimmern : « *Judex esto, an.....* » (1).

Dans une autre classe d'actions, appelées actions mixtes (*fam. ercisc., fin. reg., com. div.*), munies d'une *adjudicatio*, la formule donnait au juge non-seulement le droit de condamner à une somme d'argent, mais encore d'adjuger la chose litigieuse et d'en transférer la propriété (Gaius, § 42, IV).

Les mêmes actions présentaient encore une singularité en ce sens, que le demandeur et le défendeur pouvaient être également condamnés. Nous en avons déjà fait la remarque au § 1er ; il en

____

(1) Zimmern, *op. cit.*, §§ 53, 69. — Voy. Walter, *Hist. de la proc. civ.*, traduct. par Laboulaye, chap. VII, Ortolan, *Explicat. hist.*, n° 193.

était de même dans les interdits *utrubi, uti pos-sidetis* (37, § 1, *de Obl. et Act.*, XLIV, 7. — Inst., § 20, *de Act.*, IV, 6. — Théophile, IV, 6, § 20. — Gaius, § 160, IV).

Nous avons remarqué déjà en traitant de l'objet de la *condemnatio*, que, quand on connut à Rome, le troisième mode d'intenter l'action *in rem* qui fut la *formula petitoria*, la condamnation fut subordonnée à la non-obéissance, au *jussus*, à l'*arbitrium* du juge. De là cette action prit aussi le nom d'*arbitraria*. Cette désignation ne convient pas seulement aux actions *in rem*, et la classe des actions arbitraires comprend quelques actions *in personam*, dont les Institutes (§ 31, *de Act.*, IV, 6) contiennent une énumération incomplète.

Ici, le juge appréciera d'abord le bien-fondé des prétentions contenues dans l'*intentio* et rendra sur ce point un premier jugement appelé *pronunciatio*, mais au lieu de procéder immédiatement ensuite à la condamnation du défendeur comme dans une action ordinaire, il devra lui ordonner de fournir au demandeur telle satisfaction déterminée, et ce n'est qu'au cas où il s'y refuserait qu'il devra le condamner. Ce devoir du juge d'imposer son *jussus* au défendeur, avant de procéder à la condamnation, était gé-

---

(1) Ulpien, XIX, 16. — *Fragm. vat.*, § 47. — 40, § 2, *De procurat.*, III, 3.

néralement exprimé dans la *condemnatio* (1)·

De cette classe d'actions nous pouvons en rapprocher une autre qui présente avec elle quelque analogie ; ce sont les actions noxales que certains auteurs ont confondues, mais à tort, suivant nous, avec les actions arbitraires. Ces actions se donnaient contre les maîtres, en cas de délit commis par des fils de famille ou des esclaves. C'était l'action même résultant du délit qui était donnée contre le *dominus* ou le *paterfamilias*. La *condemnatio* contenait les mots suivants : *nisi ex noxali causa servum dedat*, ou encore : *aut noxæ dedere*. De telle sorte que le juge devait forcément absoudre, si le défendeur faisait l'abandon noxal avant la condamnation, et dans tous les cas ne condamner qu'avec l'alternative de cet abandon (2).

Disons enfin en terminant que, dans certains cas, il n'y aura pas corrélation exacte entre l'*intentio* et la *condemnatio*, au point de vue du chiffre, du montant de la condamnation à prononcer par le juge. Nous en avons déjà indiqué plusieurs ; ce sont les cas où l'action sera *in duplum*, etc.; nous en rencontrerons d'autres dans le cours du paragraphe suivant.

(1) Cicéron, dans sa deuxième Verrine, nous en montre cependant un exemple dans l'*intentio*.

(2) Ortolan, *op. cit.*, nᵒˢ 2219 et suiv. ; Demangeat, *Cours élém. de droit rom.*, t. II, p. 649.

§ V. — *Des causes qui pouvaient rendre la condemnatio conditionnelle ou la restreindre.*

Toute *condemnatio* était conditionnelle en ce sens que le juge ne devait condamner qu'autant que l'*intentio* contenait une prétention exacte et bien fondée; elle pouvait encore être conditionnelle à un autre point de vue et par suite de circonstances particulières.

Il pouvait arriver que la prétention du demandeur fondée en droit civil, ne dût pas cependant entraîner une condamnation, ou ne dût entraîner qu'une condamnation inférieure au montant de la demande par suite de circonstances spéciales que le préteur avait prises en considération. « *Sæpe enim accidit*, dit Gaius (§ 116, IV), *ut quis jure civili teneatur sed iniquum sit eum judicio condemnari.* »

Le préteur ici, comme en d'autres circonstances, ne heurtait pas de front le droit civil, mais par une *adjectio formulæ*, tout en laissant le principe intact, il en paralysait les effets. Puis des lois, des sénatus-consultes et des constitutions impériales empruntèrent le procédé du préteur et, tout en laissant subsister le droit civil en principe, l'abrogèrent cependant *exceptionis ope*. Nous n'avons pas ici à nous étendre en détail sur la théorie des exceptions; ce sujet, bien qu'intéressant, sortirait complétement de notre cadre; nous en dirons quelques mots seulement au point de vue de leurs effets relativement à la *condemnatio*.

L'exception était insérée le plus souvent dans l'*intentio;* elle était alors conçue dans une forme négative et subordonnait la *condemnatio* à la non-existence du fait par elle invoqué. De cette façon, la *condemnatio* était doublement conditionnelle ; subordonnée d'abord au bien-fondé de la prétention du demandeur indiquée dans l'*intentio*, subordonnée en outre à la non-existence de l'exception alléguée (1).

Quelquefois, mais plus rarement, l'exception était insérée dans la *condemnatio*. « *Exceptio dicta est quædam exclusio, quæ opponi actioni cujusque rei solet, ad excludendum id quod in intentionem condemnationemve deductum est* », dit Ulpien. Et Paul : « *Exceptio est quæ modo eximit reum damnatione, modo minuit damnationem. (2 pr. 22, De Except.,* XLIV, 1.) Tel est le cas où le défendeur doit être condamné, *Duntaxat in id quod facere potest. — Duntaxat de eo quod versum est et de peculio* (2), etc... Dans ces différents cas, l'exception ne rend pas la *condemnatio* conditionnelle, mais elle en diminue le montant.

(1) Consultez sur ce point, Walter, *op. cit.,* p. 42. — Gaius, § 119, IV.

(2) Des auteurs influencés par le mot *Duntaxat*, ont voulu voir ici une *taxatio* d'une espèce particulière (*taxatio incerta*). Cette opinion nous semble fausse. La *taxatio* est un maximum que le magistrat impose au juge, une limite qu'il apporte à son appréciation ; or, on l'a fait remarquer avec une grande justesse, *ici la liberté d'appréciation du juge n'est pas limitée.*

On a conjecturé, et non sans quelque apparence de vérité, que la petite clause *nisi restituat*, qui caractérise les actions arbitraires, avait peut-être constitué une exception particulière. Comme l'exception, en effet, elle rend la *condemnatio* conditionnelle ; comme elle, elle est conçue dans une forme négative et se trouve tantôt dans l'*intentio*, tantôt dans la *condemnatio*. Cette supposition, cependant, n'est corroborée par aucun texte.

Rappelons enfin que, dans les actions de bonne foi, l'exception de dol et toutes celles qui devaient faire triompher l'équité étaient sous-entendues.

Dans les mêmes actions le juge qui devait apprécier *ex æquo et bono* ce que devait payer le défendeur, pouvait tenir compte des obligations du demandeur envers ce dernier, et compenser ces dettes réciproques entre elles. De cette façon le défendeur ne pouvait être condamné à payer que l'excédant de sa dette sur sa propre créance.

Dans les actions de droit strict, en vertu d'un rescrit de Marc-Aurèle, qui peut-être ne contenait aucune innovation sur ce point, le défendeur peut se dispenser de payer toute sa dette en opposant l'exception de dol (*Inst.*, § 30, *de Act.*, IV, 6). Cette exception, suivant nous, n'avait pas pour effet d'entraîner l'absolution du défendeur, mais celui-ci n'était condamné qu'au payement de l'excédant de sa dette sur sa créance.

A propos de la compensation, nous devons rappeler, avec Gaius (§§ 64, 65, IV), deux points qui

avaient reçu une réglementation toute spéciale.
Quand un *argentarius* intentait une action pour
se faire payer ce qui lui était dû, il devait agir
cum compensatione, c'est-à-dire réclamer ce qui
lui était dû, en déduisant lui-même dans la formule ce qu'il devait. L'*argentarius* n'était du reste
tenu de faire entrer en compensation que les dettes
ejusdem generis et naturæ, et seulement celles
exigibles. L'*intentio* était ainsi conçue : *Si paret
Titium sibi X millia dare oportere amplius quam
ipse Titio debet.*

De même un patrimoine ayant été vendu, le
bonorum emptor ne pouvait poursuivre les débiteurs du patrimoine acheté, que déduction faite de
ce qui leur était dû à eux-mêmes. La déduction,
ici, était confiée au juge et était exprimée dans la
condemnatio. La formule était ainsi conçue :
*N. N. A. A. condemna quod superest deducto eo
quod sibi invicem defraudatoris nomine debetur*
(Gaius, § 65, IV *et suiv.*).

Terminons, en faisant remarquer que, dans certains cas, en vertu du bénéfice de compétence,
le défendeur ne pouvait être condamné que *quatenus facere potest;* de même la *condemnatio* pouvait être limitée au montant du pécule, de l'*in
rem versum*, ou de l'enrichissement du défendeur.

Ces limitations se trouvaient indiquées sous
forme d'exceptions ; nous avons eu occasion d'en
parler dans le cours de ce paragraphe.

§ VI. — *Des erreurs que peut contenir la condemnatio.*

Les erreurs que l'on peut commettre dans la *demonstratio* et dans l'*intentio*, sont au nombre de trois ; il peut y avoir *plus minus* ou *aliud* dans chacune de ces parties. La *condemnatio* étant nécessairement pécuniaire, il n'y aura jamais *aliud*. Restent donc les deux autres sortes d'erreurs. Remarquons immédiatement que ces deux erreurs sont possibles lors même que la *condemnatio* est *incerta*. Cela semble étrange, mais pourra néanmoins se présenter souvent, et un simple exemple suffira pour le faire comprendre. J'intente une action *de peculio*, et le magistrat ne limite pas la *condemnatio* au montant du pécule, il y aura *plus* dans ce cas. En sens inverse, en nous plaçant dans les hypothèses prévues par le premier et le troisième chef de la loi *Aquilia*, la condamnation doit avoir pour objet la valeur la plus haute de la chose pendant l'année ou le mois qui a précédé le dommage ; si le magistrat ne met pas dans la formule *Quanti ea res erit in anno vel. in mense*, il y aura *minus*. On peut encore citer le cas où une action étant simple, le magistrat la donne *in duplum* et réciproquement.

Les erreurs commises dans la *condemnatio* n'auront pas les conséquences désastreuses de celles commises dans l'*intentio*. Gaius (§ 57, IV) nous donne sur ce point des renseignements complets. « Si dans la *condemnatio*, dit-il, il a été inséré plus qu'il ne faut, le demandeur ne court aucun danger, mais le défendeur, attendu, qu'il a reçu une formule inique, est restitué *in integrum* pour faire réduire le montant de la *condemnatio.* »

Voilà pour le cas où il y a *plus*; « si, au contraire, il y a *minus*, le demandeur n'obtient que le montant de la *condemnatio;* le droit est bien déduit et le juge est emprisonné dans les limites de la formule. Dans cette hypothèse le préteur n'accorde pas la *restitutio*; le préteur, en effet, vient plus facilement en aide au défendeur qu'au demandeur, excepté toutefois les mineurs de vingt-cinq ans, car, pour ces derniers, le préteur les secourt quand ils ont fait une mauvaise affaire. » On s'est demandé pourquoi le préteur se montrait plus rigoureux pour le demandeur que pour le défendeur. La raison en est, a-t-on répondu, que le demandeur prend une plus grande part à la rédaction de la formule que le défendeur; c'est lui qui la sollicite, c'est sur ses indications qu'elle est rédigée. Nous pensons cependant qu'il y aurait lieu à restitution s'il y avait eu dol de la part du défendeur.

Reste à faire remarquer que ces règles ont disparu avec la procédure formulaire et ont fait place à la constitution de Justinien (Cod. 2, § 2. Const. Justin. III, 10). Ici, il n'est plus question de *demonstratio* d'*intentio*, ni de *condemnatio*, mais

toute exagération dans le *libellus conventionis*
sera punie d'une condamnation au triple du dommage éprouvé.

DEUXIÈME PARTIE

DE LA *CONDEMNATIO* PRONONCÉE PAR LE JUGE

§ Ier. — *Des différentes issues que peut avoir un
procès. — Du jugement.*

Le but que se proposaient les parties, en plaidant, était de voir leur différend tranché par la
justice, et d'obtenir une *sententia;* cependant il
pouvait en être différemment et le procès n'abou-
tissait pas nécessairement à une *condemnatio* ou
à une *absolutio.*

Cela pouvait se présenter quand il y avait
péremption d'instance; de même, quand de
deux plaideurs, l'un adrogeait l'autre, et plus
généralement quand *pendente judicio,* l'un tombait sous la puissance de l'autre ou devenait son
unique héritier (11, *de Jud.,* V, 1); ou encore
quand la femme intentait l'action *rei uxoriæ*
après le divorce et qu'il survenait un accommo-
dement, l'instance s'éteignait : *Judicium expirat*
(19, § 7, *Sol. matr.,* XXIV, 3).

En dehors de ces cas, le juge devait décider et
se prononcer, car un citoyen ne pouvait décliner
les fonctions de juge, à moins qu'il ne se trouvât

dans un cas d'excuse légitime. Nous pensons cependant, que le juge pouvait se désister en jurant *sibi non liquere.* Nous en trouvons la preuve dans une anecdote bien connue qu'Aulu-Gelle rapporte dans ses *Nuits Attiques* (XIV, 2). Ce texte est confirmé par deux autres au Digeste, dont un de Paul (36, *de Re jud.*, XLII, 1), l'autre d'Ulpien (13, § 4, *de Rec.*, IV, 8).

Mais, le plus souvent, presque toujours même, le juge condamnera ou absoudra le défendeur; il absoudra, si le demandeur n'a pas pu prouver le bien-fondé de son *intentio* ou si cette *intentio* a été paralysée par une *exceptio*, il condamnera dans le cas contraire.

Quant aux délais dans lesquels devait être rendue cette sentence, il faut, pour les connaître, distinguer entre les *judicia imperio continentia* et les *judicia legitima.* Les *judicia legitima*, à l'origine, étaient perpétuels. Une fois organisée, l'instance subsistait jusqu'à ce que le juge eût rendu sa sentence; une loi *Julia judiciaria* réduisit leur durée à dix-huit mois et c'est par conséquent dans ce laps de temps que le juge dut prononcer. « *Legitima judicia*, dit Gaius (§ 104, IV), *nisi in anno et sex mensibus judicata fuerint, expirant, et hoc est, quod vulgo dicitur, a lege Julia, litem anno et sex mensibus mori.* » Nous pensons cependant que le juge pouvait abréger ce délai (32, *de Jud.* V. 1). Les *judicia imperio continentia* ne pouvaient survivre à l'*impe-*

rium du magistrat qui les avait accordés. Sous la République, les magistratures étaient annales, le délai de péremption d'instance était donc au plus d'un an, aussi les plaideurs s'empressaient-ils de demander des formules au commencement de chaque magistrature. Sous l'empire, quand on commença à distinguer entre les provinces du peuple et celles de l'empereur, les gouverneurs choisis par le prince, ne furent plus nommés pour un temps déterminé ; on ne connaissait donc plus la durée exacte de l'instance et cela pouvait être cause de surprises désagréables pour les plaideurs. Aussi la pratique dut-elle fort probablement modifier la règle, et nous en trouvons la preuve dans un texte de Paul (49, § 1er, *de Judiciis*, V, I). où il est dit, que les juges nommés par les gouverneurs devaient rester investis même sous les successeurs de celui qui les avait nommés. Cette disposition ne s'appliquait du reste qu'aux provinces de l'empereur. Est-ce à dire que, dans ce cas, les *judicia* fussent perpétuels? La question n'est pas résolue, mais il est probable qu'il y avait un délai.

La sentence devait être motivée, et devait contenir *certa pecunia*, quand elle portait condamnation ; elle n'était pas rédigée, du reste, en termes sacramentels, le juge se servait des expressions qu'il lui plaisait. Elle devait être rédigée en latin, quoiqu'on y trouvât souvent des mots grecs; des auteurs ont même conjecturé que, dans les provinces où la langue latine était peu en usage, elle pouvait être complétement rédigée en grec. Enfin, en 397, Honorius et Arcadius dans une constitution insérée au Code (12, *de Sent. et Int.*, VII, 45) décidèrent que les juges pourraient : « *tam latina quam græca lingua proferre sententias.* »

La sentence doit être prononcée à haute voix : « *Arbitri nulla est sententia, quam scriptam edidit litigatoribus si non ipse recitavit,* » est-il dit au Code (1, *de Sent. ex per.*, XLIV, 7). Le juge pouvait cependant l'écrire, et cela devint même obligatoire par la suite. La sentence devait être prononcée en présence des parties intéressées.

Avec la sentence finit la mission du juge, et c'est au magistrat qu'il fallait recourir pour l'exécution.

§ II. — *De la condemnatio. — Des cas dans lesquels le juge doit condamner.*

Après avoir étudié la *condemnatio* dans la formule que délivre le magistrat, nous devons maintenant en examiner les conséquences dans la seconde phase du procès. En vertu de l'ordre qui lui était donné, le juge devait, nous l'avons vu, condamner ou absoudre le défendeur et sa décision, quand il condamnait, prenait le nom de *condemnatio* (1). Entre cette *condemnatio*, dans le nouveau sens que nous donnons à cette expression et

---

(1) 14, § 11, *Quod met. caus.*, IV, 2. — 16, § 3, *de Pign. et hypoth.*, XX, 1. — Gaius, § 180, III.

la partie de la formule du même nom, il ne faudrait pas voir qu'un simple rapport de mots. La formule contient en effet le germe de la décision du juge, et voilà pourquoi nous avons compris sous un même titre ces deux choses, distinctes il est vrai, mais en même temps si étroitement liées entre elles. Quant à l'*absolutio*, nous n'aurons rien à en dire, les règles que nous exposerons à propos de la *condemnatio* devant nous indiquer par *à contrario* dans quels cas le juge devra absoudre.

Un des principaux effets de la *litis contestatio* était l'extinction du droit déduit en justice, droit qui se trouvait immédiatement remplacé par une obligation nouvelle. L'effet de la *condemnatio* est à peu près le même; à cette obligation, résultant de la *litis contestatio*, elle en substitue une autre, et c'est à ces changements successifs que fait allusion Gaius, quand il nous dit (§ 180, III) : « *Ante litem contestatam dare debitorem oportere, post litem contestatam condemnari oportere; post condemnationem, judicatum facere oportere.* » Le droit qui est né de la *litis contestatio*, et dans lequel est venue s'absorber la prétention du demandeur, est éteint à son tour, et fait place après la *condemnatio* au seul droit qui existe désormais, droit pour le demandeur de faire exécuter le *judicatum*. La nature du droit reste cependant la même, c'est toujours une créance; son objet ne change pas non plus, c'est toujours une somme d'argent ; seulement cette somme est liquidée et déterminée et due en vertu d'une cause nouvelle.

Une fois la *condemnatio* prononcée, le défendeur n'est plus tenu que d'une obligation : exécuter la sentence, *Judicatum facere*. Cette sentence est d'ailleurs censée contenir l'expression de la vérité, *Res judicata pro veritate habetur,* et de là suit que, lors même que la prétention du demandeur aurait été sans fondement, lors même que le juge se serait trompé, la *condemnatio* à elle seule constituerait un titre de créance contre le défendeur.

Ce changement de cause produit par la *condemnatio* se manifeste par deux conséquences importantes : 1º nous verrons plus loin que, après la *Litis contestatio,* le juge ne devait pas condamner, si la chose venait à périr, *fortuito, et sine mora pendente judicio.* Après la *condemnatio,* cette perte est indifférente, et le défendeur doit payer la *condemnatio* ; 2º jusqu'au jugement, le défendeur peut échapper à la condamnation par une satisfaction volontaire, même après la *litis contestatio.* Après la *condemnatio,* le débiteur ne pourra se libérer par une restitution volontaire ; désormais c'est de l'argent qu'il doit. Un texte cependant fait exception à cette règle générale : on suppose (15, *de Dol. mal. et met. caus.,* XLIV, 4) que dans une vente, le vendeur a donné à l'acheteur un fidéjusseur pour le garantir en cas d'éviction. L'éviction se produit et le fidéjusseur est condamné ; s'il se trouve en mesure de fournir à l'acheteur le *prædium*, Scævola décide que, même après la condamnation, il pourra se libérer de cette façon, pourvu qu'avec la chose principale il livre tous les accessoires et donne en outre des dommages et intérêts, pour indemniser le demandeur du dommage que celui-ci a éprouvé en recevant une satisfaction en nature au lieu du payement de la *condemnatio*. C'est là, suivant nous, une exception qui ne doit pas être étendue à d'autres cas.

L'effet de la *condemnatio* étant connu, reste maintenant à examiner dans quel cas le juge doit condamner. Le principe fondamental de cette matière, c'est que le droit du demandeur doit exister au moment de la *Litis contestatio* ; cela se conçoit facilement si on se rappelle les différentes transformations que subit le droit du demandeur. Dès le moment de la *Litis contestatio* son droit se trouve remplacé par un autre qui l'absorbe complétement ; dès cette époque il n'a plus droit qu'à une chose, la condamnation du défendeur ; mais pour que cette transformation s'accomplisse, il faut nécessairement que le droit primitif sur lequel repose l'action existe au jour de la *Litis contestatio ;* sans cela un droit nouveau ne pouvant prendre naissance, la *condemnatio* ne pourrait évidemment lui en substituer un autre.

De ce principe découlent deux conséquences considérables :

I. Le juge devra absoudre si le droit invoqué par le demandeur, et sur lequel il base son action, n'existait pas au moment de la *Litis contestatio*, mais vient à se produire entre cette époque et le prononcé de la sentence.

Sur ce point, cependant, un texte donne lieu à difficulté, et semble en opposition avec notre principe. Supposons que j'aie donné à quelqu'un mandat de toucher pour moi une somme d'argent ; le mandataire n'exécute pas le mandat, et j'intente contre lui l'action *mandati directa*. *Pendente judicio* il se fait payer la somme qui m'est due. Paul (17, *mandat.*, XVII, 1) décide que le juge le condamnera à me payer ce qu'il aura touché. Pourtant, peut-on dire, le droit du demandeur à la restitution n'existait pas au moment de la délivrance de la formule, la décision de Paul est donc en contradiction avec le principe ci-dessus établi. Ce texte, cependant, ne prouve rien, suivant nous, à l'encontre de ce que nous venons de dire. Le fait sur lequel le mandant base sa prétention, c'est l'inexécution du mandat, et non la réception de l'argent par le mandataire ; le droit du mandant existait donc au jour de la *litis contestatio*, et si la sommé payée est prise en considération, ce ne peut être que pour calculer le montant de la condamnation.

Du reste, nous pensons que ce qui est nécessaire au moment de la *litis contestatio*, c'est l'existence du droit du demandeur et pas autre chose. Il faut se garder ici d'une confusion ; outre l'existence du droit du demandeur, il peut se faire qu'un fait particulier soit nécessaire pour que le jugement aboutisse à une condamnation. Prenons un exemple ; soit une action en revendication ; pour que le défendeur soit condamné, deux choses sont nécessaires : 1º il faut que le droit du demandeur ait existé au moment de la délivrance de la formule ; 2º il faut que le défendeur ait la possession (42, *de Rei vind.*, VI, 1) ; il en sera de même dans l'action *ad exhibendum* et dans la pétition d'hérédité. La condamnation dans cette hypothèse devra être prononcée, alors même que la possession n'aurait commencé que *post litem contestatam.* L'existence du droit est donc seule nécessaire au moment de la *litis contestatio.* La question se pose dans les mêmes termes relativement à l'action *de peculio* et la solution que nous donne Ulpien est la même (30, *de pecul.*,XV, I), « *quæsitum est,* dit-il, *an teneat actio de peculio, etiam si nihil sit in peculio cum ageretur, si modo sit rei judicatæ tempore ? Proculus et Pegasus nihilominus teneri aiunt; intenditur enim recte* QUAMVIS NIHIL SIT IN PECULIO. *Idem est circa ad exhibendum et in rem actionem, placuit quæ sententia et a nobis probanda est.*

II. La seconde conséquence à déduire de notre principe est la suivante : si le droit du demandeur avait cessé d'exister au moment de la *litis contestatio,* le juge devrait encore absoudre.

Le droit du demandeur, avons-nous dit, doit exister au moment de la *litis contestatio :* c'est eu ces termes que le principe est formulé dans la plupart des auteurs. Peut-être cependant serait-il plus exact de dire que l'*intentio* doit être *justa* au moment de la délivrance de la formule. On connaît, en effet, les conséquences désastreuses de la *plus petitio*, et on sait que celui qui réclamait 100 quand il lui était dû 90 perdait son procès pour le tout.

Ce principe établi, reste à se demander, s'il suffit que l'*intentio* ait été exacte au moment de la délivrance de la formule. Qu'arriverait-il dans ce cas, si le droit du demandeur venait à disparaître entre cette époque et le jugement ? Nous pensons qu'en principe, il suffit que le droit ait existé au moment de la *litis contestatio*, peu importe que dans la suite il vienne à disparaître. A l'appui de notre dire, nous nous bornerons à citer une décision bien connue de Gaius (18, *de Rei vind.*, VI, I). Soit une demande en revendication ; au moment de la délivrance de la formule le demandeur est propriétaire, mais l'usucapion commencée, peut s'accomplir *pendente judicio,* et faire passer la propriété au défendeur. Ce dernier cependant ne sera pas absous ; le droit du demandeur existait en effet au moment de la *Litis contestatio* et cela suffit. Le juge ordonnera donc au défendeur de retransférer la propriété et de donner la caution, *de Dolo*, pour les dommages qu'il aurait pu causer à la chose et les droits réels dont il aurait pu la grever. (Voy. à ce suj. les textes suiv. *35, de Verb. signif., L. 17. — 8, § 4, si serv. vind., VIII, 5. — § 3, Inst., de offic. jud., IV, 17. — 37-38 pr. de noxal. act. IX, 4.*)

Par suite de la même idée on aurait dû également décider, que si *pendente judicio*, le défendeur a donné satisfaction complète au demandeur, le juge devra encore condamner. Cette conséquence avait paru toutefois exorbitante, et Gaius (§ 114, IV) nous apprend que les Sabiniens la rejetaient complétement et sans faire de distinction. « *Et hoc est*, ajoute-t-il, *quod vulgo dicitur Sabino et Cassio placere omnia judicia absolutoria esse.* » L'école opposée suivait la même doctrine pour les actions arbitraires et de bonne foi. Pour les actions arbitraires, cela était évident, puisque le défendeur ne devait être condamné que s'il n'obéissait pas à l'ordre du juge. Pour les actions de bonne foi, l'absolution était la conséquence de cette idée que le *judex* devait examiner, *quid paret dare oportere ex* FIDE BONA. Quant aux actions de droit strict, les Proculiens, en cela plus logiques que leurs adversaires, décidaient que nonobstant toute satisfaction postérieure à la *litis contestatio*, le défendeur devait être condamné. Cette dernière opinion avait été définitivement rejetée par Justinien (Instit., § 2, *de Perpet.*, XII, IV), néanmoins il est permis de conjecturer que l'idée proculienne avait prévalu à une époque plus reculée. On trouve, en effet, au Digeste, un texte de Paul conçu complétement dans ce sens : « *Si insulam fieri stipulatus sim*, dit-il, *et transierit tempus quo potueris facere , quamdiu litem, contestatus non sim,posse te facientem liberari placet; quod si jam litem contestatus sim nihil tibi prodesse si œdifices* » (84, *de Verb. et Obl.*, XLV, 1). Ulpien nous dit de même (23, § 3, *de Cond. ind.*, XII, 6), « *si quis post transactionem nihilominus condemnatus fuerit, dolo quidem id fit, sed tamen sententia valet.* » L'opinion proculienne n'était pas, du reste, aussi rigoureuse qu'on pourrait l'imaginer ; la sentence devait, en effet, rester lettre morte, et l'exception de dol opposée à l'action *judicati* devait empêcher que le défendeur ne fournît une double prestation (1).

C'est ce qui ressort du texte précité, qui décide, en outre, que si le défenseur a payé le montant de la *condemnatio*, il aura une *condictio indebiti* pour réclamer le montant de sa prestation volontaire.

Le principe que la disparition du droit du demandeur *pendente judicio* n'entraîne pas l'absolution du défendeur subit une exception dans une hypothèse particulière. Les affranchis promettaient assez communément des *operœ* à leurs patrons; cette dette s'éteignait par la survenance de deux enfants. Si l'affranchi poursuivi par son patron devenait *pendente judicio*, père de deux

______

(1) Voyez sur ce point Zimmern, *op. cit.*, § 121. — Demangeat, p. 609.

enfants. Paul (37, § 5, *de op. lib.*, XXXVIII, 1) décide que le juge devra l'absoudre, et pourtant ici le droit du demandeur existait bien au moment de la *litis contestatio*. Remarquons, à ce sujet, que si la naissance des enfants n'avait lieu qu'après le jugement, le défendeur ne serait pas libéré. A partir de ce moment, il doit, en effet, la somme fixée par la *condemnatio*.

Reste à examiner ce qui arrivait, quand un fait nécessaire *aparte rei*, pour qu'il y eût condamnation, venait à disparaître avant la sentence. Ainsi, une action en revendication étant intentée, le défendeur qui avait la possession, au moment de la *litis contestatio*, l'a perdue avant le jugement; que faut-il décider? Nous distinguerons. Si le fait a disparu par une cause non imputable au défendeur, il devra être absous. Dans le cas contraire, il sera condamné.

Enfin, il ne suffira pas que l'*intentio* ait été *justa* au moment de la délivrance de la formule, il faudra encore que la prétention du demandeur n'ait pas été paralysée par une exception.

§ III. — *Du montant de la condemnatio.*

Nous arrivons maintenant à l'endroit le plus délicat de notre matière, au point qui présente le plus de complications, point d'autant plus difficile à traiter qu'il nous est à peu près impossible de l'étudier complétement. C'est en effet dans cette question que viennent se confondre presque toutes celles qui se posent relativement à la violation des droits, c'est vers elle que convergent la plus grande partie des principes de la législation romaine, et entreprendre de déterminer à propos de chaque action et de chaque hypothèse particulière le montant de la *condemnatio*, nous semble un travail au-dessus de nos forces. Nous nous bornerons donc ici à exposer les règles générales qui régissent la matière, en les présentant autant que nous le pourrons, dans leurs applications pratiques, et à indiquer et à résoudre les graves questions qui se posent à propos du sujet qui nous occupe.

Nous avons déjà eu l'occasion de dire que, quand le droit du demandeur a été reconnu fondé, deux hypothèses peuvent se présenter; ou le chiffre de la *condemnatio* est déterminé par la formule, et alors point de difficulté, ou bien cette détermination est laissée à l'appréciation du juge, et c'est cette hypothèse qui doit maintenant attirer notre attention.

Dans ce cas, la *condemnatio* était souvent formulée en ces termes : « *quanti ea res est*, ou *erit judex condemna.* » Ces expressions ont donné lieu à une controverse restée classique. Que signifient ces mots : *quanti ea res est?* S'agit-il ici de la valeur vénale de la chose? Faut-il entendre, au contraire, par là, le *quod interest*, c'est-à-dire l'intérêt du demandeur engagé au procès? La solution de cette question est intéressante. L'intérêt du demandeur, dans nombre de cas, il est vrai, pourra se confondre avec la valeur vénale de la chose, mais il n'en sera pas toujours ainsi. J'ai promis une chose valant 100, sous une clause pénale de 150. Si on me la vole avant que j'aie pu la livrer, l'intérêt que j'aurai à ne pas avoir été dépossédé égalera 150, et dépassera par conséquent la valeur vénale de la chose (67, § 1, *de Furtis*, XLVII, 2). De même, une chose est enlevée à un créancier gagiste, si le montant de sa créance est inférieur à la valeur de la chose, son intérêt sera évidemment inférieur à cette valeur (12, § 2, *de Cond. furt.*, XIII, 1).

Avant de répondre à cette question et de formuler notre opinion en règle générale, nous croyons bon d'examiner sommairement les dispositions que nous présentent les textes sur quelques hypothèses particulières.

A propos de la loi *Aquilia*, Justinien s'exprime ainsi : « *Non solum perempti corporis æstimationem habendam esse secundum ea quæ diximus, sed eo amplius quidquid præterea perempto corpore damni nobis allatum fuerit.* » (Inst., § 10, IV, 3.) On peut cependant conjecturer à ce propos, que cette façon d'interpréter le *quanti id fuit*, de la loi *Aquilia* ne prévalut point d'abord, mais ne fut admise qu'à la longue. « *Illud non ex verbis legis, sed ex interpretatione placuit,* » dit Justinien au même paragraphe (Voy. de même 21, § 2, *ad Leg. Aq.*, IX, 2).

Les mots *quanti ea res est* se trouvent également dans l'action de dol (17 pr., 18 p., *de Dolo*, IV, 3) et bien évidemment ils signifiaient ici l'intérêt du demandeur (§§ 1er, 4. — 18, *eod.*).

La même expression se rencontrait encore dans l'action *furti* (9, *de in lit. jur.*, XII, 3). On peut se demander ici quelle était sa valeur qu'il fallait multiplier par deux, trois ou quatre. Quand le demandeur avait simplement un *jus in re* sur la chose volée, la valeur à multiplier était égale à *l'utilitas* de ce demandeur (80, § 1er, *de furtis*, XLVII, 2). Quand le demandeur était propriétaire, la question était plus délicate. Des textes confondent d'abord le *simplum* à multiplier avec le *quod interest*. Ainsi, quand des titres de créances ont été dérobés, Paul décide (32 *pr.*, *de furt.*, XLVII, 2) qu'on ne tiendra pas compte seulement de la valeur de la matière qui compose les tablettes, mais encore de l'intérêt que le demandeur avait à ne pas les perdre. Quand un esclave volé était institué héritier, Ulpien décide que le *simplum* comprendra la valeur de l'hérédité (52, § 28, *de furt.*).

Cependant un texte du même jurisconsulte semble venir contredire formellement la doctrine adoptée par lui dans cette dernière hypothèse. Ulpien dans la loi 50 pr. *de furt.*, s'exprime ainsi: « In furti actione non, quod interest quadruple-

« bitur sed rei verum pretium. Sed et si res rebus
« humanis esse desierit cum judicatur, nihilomi-
« nus condemnatio facienda est, idemque etsi
« nunc deterior sit æstimatione relata in id tem-
« pus quo furtum factum est quod si pretiosior
« facta sit ejus duplum quanti tunc, cum pretio-
« sior facta sit, fuerit æstimabitur : quia et tunc
« furtum ejus factum esse verius est. » Ce texte
semble bien décider que ce qu'il faut prendre pour
simplum ici est la valeur vénale de la chose et non
l'intérêt du demandeur. Cette interprétation, suivant nous, serait erronée ; nous avons vu tout à
l'heure qu'Ulpien professait formellement la doctrine contraire et nous ne pouvons admettre qu'il
ait pu se contredire lui-même d'une façon aussi
flagrante. Pour bien comprendre sa pensée, il faut
la chercher dans les développements qui suivent
sa première phrase. Il se préoccupe surtout du
cas où la chose volée a péri ou a subi des détériorations qui ont diminué sa valeur à l'époque du
vol, et alors il décide conformément aux règles
particulières de l'action *furti*, qu'il faudra prendre
ici en considération la valeur vénale de la chose au
jour du vol et non pas l'intérêt du demandeur
qui peut être n'existe plus. Ulpien se place, du
reste, fort probablement dans l'hypothèse la plus
ordinaire et la plus simple, où, au jour du vol,
l'intérêt du demandeur égalait la valeur vénale de
la chose.

La formule de l'action quasi servienne ou hypo-

thécaire contient aussi ces mots : *quanti ea res est.*
Ici l'intérêt du demandeur pourra être égal à la
valeur vénale de la chose, mais le plus souvent
restera au-dessous. Quel sera le montant de la
condemnatio si le défendeur n'obéit pas au *jussus*
du juge ? Le cas de dol mis à part, voici la décision
que nous donne Ulpien (21, § 3, *De pign. et hyp.*,
XX, I). Si l'action est intentée contre le débiteur
lui-même, la condamnation ne devra jamais dépasser le montant de la somme due, c'est-à-dire
l'intérêt du demandeur ; si elle est au contraire
intentée contre un autre possesseur, elle peut dépasser cette somme et se confondre avec la valeur
vénale de la chose elle-même. Dans ce cas, il semble bien que la condamnation sera supérieure à
l'intérêt du demandeur, et cette décision semble
d'autant plus étonnante que le demandeur n'a
jamais eu ici la propriété de la chose grevée, mais
seulement un *jus in re* limité par le montant de
sa créance. Peut-être, cependant, le texte d'Ulpien
ne contient-il pas une disposition aussi déraison-
nable qu'on pourrait le croire au premier abord,
et peut-être ici encore le montant de la *condemnatio* se confond-il avec l'intérêt du demandeur.
On peut, en effet, supposer qu'il s'agit d'une chose
donnée en gage ; par le contrat, le créancier s'est
obligé à garder et à surveiller la chose. S'il la perd,
il est responsable de sa valeur vis-à-vis de celui
qui a constitué le gage, il est donc juste qu'il
puisse, dans cette hypothèse, réclamer la valeur

totale au tiers possesseur. De même, on peut supposer que le créancier a vendu la chose hypothéquée sans en avoir la possession. Dans ce cas,
bien évidemment, son intérêt sera égal à la valeur
de la chose. Ajoutons que l'obligation du défendeur à l'action hypothécaire consistant à délaisser,
le montant de la *condemnatio* ne dépassera jamais
la valeur de la chose, lors même que le montant
de la créance dépasserait cette valeur. C'est là un
cas dans lequel le *quanti ea res* se confondra avec
la valeur de la chose et non avec l'intérêt du demandeur.

Dans l'interdit *uti possidetis*, le préteur avait
également employé les mots : *quanti res erit*, et
ces mots signifiaient bien ici l'intérêt du demandeur. « Quanti res erit, dit Ulpien, sic accipimus,
« quanti uniuscujusque interest possessionem
« retinere. » (3, § 11, *Uti possid.*, XLIII, 17). Il en
était de même dans l'interdit *Unde vi*, les textes
ne laissent aucun doute sur ce point (6, *de vi*,
XLIII, 16).

Enfin, si nous examinons l'action en revendication nous trouvons à ce sujet un texte (68, *de rei
vind.*, VI, 1) qui s'exprime ainsi : « Si vero non
« potest restituere, nec dolo fecit quominus pos-
« sit, non pluris quam quanti adversarii interfuit,
« condemnandus est. » Le texte est formel et, ici
encore, c'est l'intérêt du demandeur qui sert de
base à la *condemnatio*.

Cette disposition ne doit pas être restreinte à la

revendication, mais doit être étendue d'après les termes mêmes du texte, à toutes les actions, soit *in rem*, soit *in personam*, qui ont pour but une restitution.

Ces divers exemples auxquels nous pourrions encore en ajouter beaucoup d'autres étant examinés, il nous semble légitime d'en conclure que, en général, ces mots *quanti ea res est* étaient synonymes de ceux-ci : *quod interest actoris*. Nous disons, en général, car nous ne pouvons trouver dans les textes un principe absolu, et ce principe existât-il, il pourrait encore subir des exceptions dans certaines hypothèses spéciales et pour des motifs particuliers. Nous avons déjà eu l'occasion de constater, en effet, que, quand le montant d'une créance dépasse la valeur de la chose hypothéquée, c'est la valeur de cette chose et non l'intérêt du demandeur que le juge doit prendre en considération ; de même, dans l'action *furti*, quand la chose volée s'est détériorée ou a péri par cas fortuit depuis le vol, bien que l'intérêt qu'a le demandeur à ne pas avoir été dépouillé fût bien inférieur à la valeur de la chose, ou peut-être même n'existât plus, c'était encore la valeur vénale de la chose qui servait de base à la *condemnatio*. C'était une conséquence du principe que le voleur est toujours en demeure.

Dans l'action *bonorum vi raptorum*, la valeur à quadrupler était celle de la chose elle-même, et non plus l'intérêt du demandeur (2, § 13, *vi bon. rapt.*,

XLVII, 8). On n'aperçoit pas ici la raison de cette différence avec l'action *furti*. Enfin, dans l'action *de rationibus distrahendis*, la valeur à multiplier par deux était celle de la chose et non l'intérêt du demandeur (1, § 20, *de Tutel.*, XXVII, 3). Ici en effet le *duplum* n'était pas une peine à proprement parler, mais l'intérêt le plus élevé du pupille. Le *simplum* ne devait donc pas être ici l'intérêt.

Nous pensons de même que, dans les *condictiones*, ou du moins dans les *condictiones certi*, le *quanti ea res* représentait la valeur vénale de la chose litigieuse et non pas l'intérêt du demandeur; rien ici n'était, en effet, laissé à l'appréciation du juge, c'était d'un *certum* fixé et déterminé à l'avance qu'il s'agissait, c'était ce *certum* que le demandeur réclamait et le juge ne pouvait aller au-delà dans son estimation ni rester au-dessous. C'est ce qui explique que, ainsi que nous le verrons plus loin, dans les actions de droit strict, c'était au jour de la *litis contestatio* que le juge devait se placer pour faire son estimation; le juge, en effet, devait strictement accorder au demandeur ce qu'il réclamait, si le droit de celui-ci était fondé, et il n'en aurait pas été ainsi s'il s'était placé dans son appréciation à une époque ultérieure.

L'expression : *quanti ea res est* était donc à notre avis synonyme de celle-ci : *quod interest actoris;* nous ne trouvons pas, il est vrai, cette règle formulée en principe dans les textes, mais nous en trouvons tout au moins l'application répétée fréquemment, à diverses hypothèses, toutes les fois qu'il n'y avait pas un motif spécial pour y déroger.

Deux textes cependant semblent contrarier la doctrine que nous venons d'exposer. C'est d'abord la loi 179 *de Verb. signif.*, L. 16, ainsi conçue : « Inter hæc verba quanti ea res erit vel quanti eam « rem esse paret, nihil interest ; in utroque enim « clausula, placet rei veram æstimationem fieri. » Puis la loi 193, *eod. tit.*, qui s'exprime ainsi : « Hæc verba, quanti eam rem paret esse, non ad « quod interest, sed ad rei æstimationem refe- « runtur. » La contradiction cependant n'est qu'apparente, et tout le monde convient aujourd'hui, qu'il ne faut pas accorder à ces textes, la valeur absolue qu'ils semblent avoir. Les compilateurs du Digeste les ont en effet séparés de l'ensemble des dispositions auxquelles ils appartenaient, dispositions prévoyant une hypothèse particulière et n'ayant par conséquent qu'une portée essentiellement relative. Mais quelle était cette hypothèse? Le champ est ouvert aux conjectures; peut-être s'agissait-il ici d'une *condictio certi*, peut-être d'une action *in duplum*, etc., ou comme dans l'action *de rationibus distrahendis*, par une raison particulière le *simplum* à multiplier était la valeur vénale de la *res*. Suivant M. de Savigny, il faudrait distinguer. La loi 179, tirée d'un livre *ad Sabinum* sur la juridiction, s'appliquerait à une action pénale prétorienne touchant la juridiction. La loi 193, tirée d'un livre *ad Edictum* s'occupant d'actions très-anciennes, s'appliquerait à une de ces anciennes actions, dans laquelle le *quanti ea res* aurait eu une signification inusitée (1).

Reste maintenant à déterminer en quoi consistait le *quod interest*, ou, pour nous servir d'une expression française, en quoi consistaient les dommages-intérêts alloués par le juge. C'était, suivant nous, une pure question de fait, abandonnée à l'appréciation du juge (2). Paul nous dit en effet (24, *de Reg.*, L, 17) : « *Quatenus cujus intersit in facto non injure consistit.* » Après cela on ne comprend pas facilement que Justinien (1, *De sent.*, C. VII, 47) ait constaté l'existence de doutes sur ce point, et ait jugé nécessaire d'y mettre fin en posant une règle fixe et invariable. Ce texte, qui d'ailleurs est des plus obscurs, nous semble fort difficile à concilier avec la décision

---

(1) Savigny, t. 5, *Appendice*, XII, p. 480.

(2) Voici, à ce sujet, quelques règles générales sur l'évaluation que devait faire le juge. Le *quod interest* comprenait à la fois le *damnum emergens* et le *lucrum cessans*. Il fallait toutefois que le dommage éprouvé par le demandeur fût une suite nécessaire de l'inexécution de l'obligation du défendeur (21, § 3, *de act. empt.*, XIX, 1). Quand l'obligation avait pour objet une somme d'argent, le montant des dommages et intérêts ne pouvait dépasser les intérêts légaux (19, *de Per.*, XVIII, 6). Enfin, dans les actions de bonne foi et dans les actions arbitraires, on tenait compte du prix d'affection (54, *Mandat.*, XVII, 1 ; 35, *de min.*, IV, 4, etc.). Dans les actions de droit strict, au contraire, l'estimation avait lieu *non ex affectione, nec utilitate singulorum*, mais d'après la valeur que la chose avait pour tous (33. *ad. leg. Aq.*, IX, 2),

précitée de Paul. Peut-être ces *dubitationes* n'a-
vaient-ils pris naissance, bien que Justinien
prétende les faire remonter très-haut, qu'après la
chute du système formulaire. Quoi qu'il en soit,
voici la décision de Justinien : il distingue entre
les *casus certi* et les *casus incerti*. Dans la première hypothèse, quand l'action aura pour objet
certam quantitatem vel naturam, le juge ne pourra
jamais allouer de dommages et intérêts supérieurs
au double de la valeur indiquée dans l'action. Si,
par exemple, la chose vaut 100, la *condemnatio* ne
pourra dépasser 200, procédé arbitraire, mais
familier à Justinien. Peut-être ici ne faisait-il que
développer une décision d'Africain (44, *De act.
empt.*, XIX, 1), où il est dit, en parlant du vendeur et des dommages-intérêts, qu'il doit à l'acheteur en cas d'éviction : « Cum forte mediocrium
« facultatum sit et non ultra duplum periculum,
« illum subire oportet. »

Quand il s'agira de *casus incerti*, la *condemnatio* égalera le *quod interest*, mais ne le dépassera
jamais.

Le sens des expressions employées par les textes
étant déterminé, nous devons maintenant considérer à quel moment le juge devra se placer pour
faire son estimation, on comprend en effet que la
valeur de l'objet du litige qui constitue un des
éléments principaux de l'intérêt du demandeur,
quand elle ne se confond pas avec lui, pourra
varier beaucoup suivant les temps et les lieux,

Occupons-nous d'abord des changements dans la valeur vénale de l'objet, des changements de prix; nous nous occuperons ensuite des changements physiques extérieurement appréciables que peut subir la chose litigieuse.

Pour le lieu, il fallait faire une distinction. De deux choses l'une: ou les parties avaient déterminé le lieu de l'exécution, et alors c'était là que le juge devait se placer pour estimer le montant de la *condemnatio*; ou bien le lieu n'avait pas été déterminé et alors c'était à l'endroit où la formule avait été délivrée que le juge devait se reporter. Julien nous dit à ce sujet (22, *de Reb. cred.*, XII, I.) dans l'hypothèse où une personne réclame une certaine quantité de vin : « Interrogavi cujus loci « pretium sequi oporteat? » respondit : « Si con- « venisset ut certo loco redderetur, quanti eo « loco esset, si dictum non esset, quanti ubi esset « petitum. » De même Gaius (4, *de Cond. Trit.*, XIII, 3) « . . . . . ut primum æstimatio sumatur « ejus loci quo dari debuit, si de loco nihil conve- « nit is locus spectetur, quo peteretur. »

Quant au temps, quelquefois la loi détermine elle-même l'époque de l'estimation ; ainsi dans l'action de la loi Aquilia, la loi indiquait jusqu'où le juge devait se reporter (2, § 3, *De privat. delict.*, XLVII, 1). De même dans l'action *furti* Ulpien (50 *pr.*, *de Furt.*, XLVII, 2) nous dit en parlant de la chose volée: « quod si pretiosior facta sit, ejus « duplum quanti tunc cum pretiosior facta sit,

« fuerit æstimabitur. » De même encore, s'il y a eu
mora, la chose sera appréciée à sa plus haute valeur depuis la *mora* (8, § 1, *de Cond. furt.,* XIII, 1 ;
3, § 3; 21 § 3, *de Act. empt.,* XIX. 1).

Quand la loi n'aura pas déterminé l'époque à
laquelle il faudra se placer pour apprécier la valeur vénale de la chose, nous pensons qu'il faudra
distinguer. Les textes distinguent eux-mêmes et
se servent suivant la nature de l'action des mots
quanti ea res erit, et *quanti ea res est.* Pour les actions de bonne foi, et les actions arbitraires, ce sera
le moment de la sentence, *Rei judicatœ tempus,* et
rien n'est plus juste, car si le demandeur avait
obtenu satisfaction au jour de la demande, c'est
lui qui aurait profité, ou souffert des changements
survenus dans la valeur vénale de la chose. Cette
opinion est formellement consacrée par Ulpien
(3, § 2, *Comm.,* XIII, 6). Quant aux actions de
droit strict, c'est au moment de la *litis contestatio*
que le juge devra se placer, pour faire son estimation; on faisait exception cependant quand il
y avait eu un terme fixé. C'était à l'époque du
terme qu'on se plaçait ici. Voici à ce sujet ce que
nous dit Gaius (4, *de Cond. Trit.,* XIII, 3) : « Si
« merx aliqua quæ certo die dari debebat petita
« sit, veluti vinum oleum, frumentum, tanti
« litem æstimandam Cassius ait, quanti fuisset
« eo die quo dari debuit; si de die nihil convenit,
« quanti tunc, cum judicium acciperetur. » Cette
doctrine nous paraît mauvaise, elle est, en effet,

contraire à ce principe que le demandeur doit avoir tout ce qu'il aurait eu, s'il avait reçu une entière satisfaction , au jour où l'action a été intentée, car les augmentations et les diminutions de valeur se seraient réalisées à son préjudice ou à son profit. Elle est, de plus, contraire à cette idée des jurisconsultes romains, qui veut que tous les jugements soient absolutoires, c'est-à-dire que le défendeur puisse toujours éviter la condamnation au moyen d'une satisfaction en nature, adéquate au montant de la demande. Supposons, en effet, que je sois débiteur de 100 mesures de blé; au moment de la *res judicata*, le blé a augmenté de valeur, je pourrai échapper à la condamnation en fournissant au demandeur 100 mesures de blé à sa nouvelle valeur. Mais, si je comprends bien mes intérêts, je me garderai d'agir ainsi, car le juge ne pourra jamais me condamner qu'à la valeur du blé au moment de la *litis contestatio*, c'est-à-dire à une somme peut-être de beaucoup inférieure au montant de cette prestation volontaire.

Signalons, à ce sujet, une contradiction entre les textes que nous venons de citer et une opinion de Servius Sulpicius insérée au Digeste (3, *de Cond. Trit.*). Suivant ce jurisconsulte, même quand il s'agit d'actions de droit strict, c'est toujours au moment de la *condemnatio* qu'il faut s'attacher. Les commentateurs se sont épuisés en vains efforts pour concilier ce texte avec les autres; ce fut pour eux une *lex damnata*. Pour nous, nous

nous bornons à constater cette divergence, sans essayer de l'expliquer. Citons cependant parmi les conciliations proposées, celle de M. de Savigny. On traduit ici *condemnationis tempus* par *contestationis tempus*, la *condemnatio* n'étant plus la sentence par laquelle le juge condamne, mais la dernière partie de la formule, rédigée par conséquent au moment où cette formule est délivrée.

Nous devons maintenant examiner ce qui arrivera quand les changements dans la valeur de la chose auront été occasionnés par suite de détériorations physiques, ou quand la chose aura péri complétement. Nous distinguerons deux époques : pour l'époque antérieure à la *litis contestatio*, nous nous bornons à renvoyer aux théories sur les risques et la prestation des fautes, théories auxquelles nous ne pouvons ici consacrer aucun développement. Pour l'époque postérieure à la *litis contestatio*, nous pensons que le demandeur doit avoir tout ce qu'il aurait eu si on avait satisfait à sa demande au jour de la *litis contestatio*, mais il ne saurait avoir davantage. Si donc, la chose vient à se détériorer ou à périr par suite de circonstances qui ne peuvent être imputées au défendeur, c'est le demandeur qui doit supporter ces pertes, et le défendeur est déchargé d'autant, car si ce dernier avait donné satisfaction au jour de la *litis contestatio*, c'est pour le demandeur que la chose aurait été détériorée ou perdue.

Nous trouvons des applications de ce principe dans les textes suivants (16, pr., *de Rei vind.*—14, § 1, *Depos.*, XVI, 3 — 36, *de Rei vind.*).

Un texte cependant (40 pr., *de Hered. pet.*, V, 3) semble apporter une dérogation à cette règle pour un cas spécial. Ce texte interprété littéralement semble bien mettre tous les cas fortuits à la charge du défendeur à l'action en pétition d'hérédité. Cette décision est adoptée par de bons esprits, mais sans nous y arrêter davantage, nous pouvons constater qu'elle est contestée et que peut-être il ne s'agissait ici que du possesseur de mauvaise foi, cas dans lequel, ainsi que nous le verrons plus loin, les pertes et détériorations étaient à la charge du défendeur.

Quant aux *condictiones*, notre doctrine ne fut probablement pas admise dès l'origine (12, § 3, *Depos.*, XVI, 3). Néanmoins, fort probablement aussi, elle prévalut plus tard. On lit, en effet, au Digeste (82, § 1, *de Verb. obl.*) : « Si post moram « promissoris homo decesserit tenetur nihilo- « minus proinde ac si viveret. » D'où on peut conclure que, s'il n'y avait pas eu *mora*, le défendeur ne devrait rien dans l'hypothèse prévue au texte, et cependant ici il s'agit d'une *condictio*.

Si le défendeur était *in mora*, au jour de la perte ou de la détérioration, cette perte et ces détériorations ne le libéreraient pas en vertu du principe général par lequel la *mora* met les risques à la charge du débiteur (1).

A ce propos, il semble bien que cette distinction soit inutile puisque nous avons supposé l'arrivée de la perte ou des détériorations postérieures à la *litis contestatio*. Il faudrait cependant se garder de croire que la *mora* résultât forcément de la *litis contestatio*; elle n'aura cet effet, suivant nous, qu'autant que le défendeur sera de mauvaise foi, qu'il aimera mieux *litigare quam restituere*. (Voy. les lois précitées 82, § 1, *de Verb. obl.* — 40 pr., *de Her. pet.* Voy. égal. 63, *de reg. Juris*, L. 17). De là nous pouvons conclure que, quand le défendeur sera de mauvaise foi, les risques seront à sa charge à compter du jour de la *litis contestatio*.

Ces explications générales, sur la manière dont le juge devait interpréter l'ordre à lui donné par le magistrat et sur le lieu et le temps auxquels il devait se placer pour faire son appréciation, étant données, il nous reste, pour être complets, à examiner quelle devait être exactement l'étendue de la *condemnatio*, et quelles choses le juge devait comprendre dans son estimation.

La question se pose à propos de la *causa*. Qu'était-ce que la *causa*? Il est assez difficile d'en donner une définition; on l'oppose à la *res petita*. On peut dire en général qu'elle comprenait les

---

(1) Cela était-il vrai dans tous les cas? Voy. dans M. Accarias, *Précis de Droit romain*, T. II, p. 740, la possibilité d'une controverse sur ce point.

accessoires de la chose principale, et par là nous entendrons : 1° les *fructus* et les *fructus fructuum*; 2° les acquisitions accidentelles n'ayant pas le caractère de fruits, telles que l'alluvion, l'île née dans un fleuve, les acquisitions réalisées par l'esclave, les actions qui pouvaient prendre naissance à propos de la chose, par exemple l'*actio legis Aquiliæ*, etc.; 3° les intérêts.

Nous nous occuperons d'abord des deux premières classes d'accessoires que nous comprendrons, pour plus de brièveté, sous le nom générique de *causa* et nous traiterons ensuite séparément des intérêts soumis à des règles particulières.

Nous distinguerons ici entre les actions *in rem* et les actions *in personam*.

a) Actions *in rem*. — Pour l'époque antérieure à la *litis contestatio*, nous renvoyons aux principes généraux sur l'acquisition des fruits. Nous rappelons sommairement que le possesseur de bonne foi acquiert les fruits par leur séparation du sol, excepté cependant ceux encore existants au jour de la *litis contestatio*. Telle est la donnée du dernier état du droit. Quand donc le possesseur sera de mauvaise foi, ou quand les fruits n'auront pas été séparés ou consommés au moment où l'action est intentée, ils devront être estimés dans le montant de la *condemnatio*; on devra même comprendre dans cette estimation les fruits que le possesseur aura négligé de percevoir s'il était de mauvaise foi (27, § 3, *de Rei vind.*). Le juge devra également estimer toutes les autres acquisitions accidentelles faites au sujet de l'objet litigieux, car la chose n'appartenait pas au possesseur et ce n'est pas à son profit que ces acquisitions ont pu se réaliser. Toutefois, si c'est un esclave qui est revendiqué, le possesseur de bonne foi gardera tout ce qui proviendra *ex operis servi* ou *ex re sua*. (Inst., § 4, *Per quas pers.*, II, 9.)

Quant à l'époque postérieure à la *litis contestatio*, nous appliquons encore ici un principe que nous avons eu déjà l'occasion d'invoquer et nous disons : Il faut que le demandeur obtienne tout ce qu'il aurait eu si on lui avait donné satisfaction au jour de la *litis contestatio*. S'il en avait été ainsi, tous les fruits, tous les accessoires lui auraient été acquis. La *condemnatio* devra donc comprendre la *res* et la *causa* à partir de la *litis contestatio* jusqu'à la *res judicata*.

Nous trouvons cette règle appliquée à la revendication et à l'action en pétition d'hérédité. (Inst., § 2, *De off. jud.*, IV, 17; 20, 35, § 1, *de Rei vind.*, VI, 1.)

De même pour l'action confessoire : « Fructua- « rio qui vicit, omnis causa restituenda est ; et ideo « si servi fuerit ususfructus legatus, quidquid ex « re fructuarii vel ex operis suis consecutus est « possessor debebit restituere. » (5, § 3, *in fine. Si usuf.*, VII, 6. — Voy. de même 19, § 1, *de Usur.*, XXII, 1.)

Enfin, nous retrouvons la même doctrine appliquée à l'action hypothécaire (16, § 4, *De pign.*, XX, 1).

b) Actions *in personam.* — Ici nous distinguons encore entre l'époque antérieure et celle postérieure à la *litis contestatio.* Dans la première période, quand l'action aura pour objet une *repetitio,* les fruits et plus généralement la *causa* entière doivent être restitués (65, §§ 5, 7. — 15, pr., *de Cond. Ind.*, XII, 6). Quand l'action aura pour objet une chose qui n'a jamais appartenu au demandeur, nous distinguerons entre les actions de bonne foi et les actions de droit strict. Pour les premières, c'était un principe incontesté que les fruits étaient dus (38, § 15, *de Us.*, XXII, 1). Les secondes, au contraire, ne donnaient pas lieu à cette restitution, et la *mora* elle-même n'avait pas cet effet.

Quant à l'époque postérieure à la *litis contestatio,* la cause était toujours due (38, § 7, *de Us.*, XXII, 1).

Des recherches auxquelles nous venons de nous livrer, il ressort avec évidence que la *causa* était toujours due à partir de la *litis contestatio,* quelle que fût la nature de l'action, et cette *causa* comprenait même les *fructus percipiendi,* c'est-à-dire ceux que le possesseur avait négligé de percevoir. (Inst., § 2, *De off. jud.*, IV, 17.)

Reste maintenant à considérer quel fut le développement historique de notre règle. Ce fut dans les actions *in rem*, ou plus généralement dans les actions arbitraires que notre règle apparut d'abord. Sous l'empire du système des actions de la loi, celui qui était laissé en possession de la chose litigieuse devait fournir des cautions, pour assurer la restitution de cette chose et des accessoires (*prædes litis et vindiciarum*). Le défendeur était donc tenu de restituer la *causa*. Le même principe fut transporté dans le système de la procédure formulaire, dès que la *petitoria formula* fut connue. La formule contenait en effet les mots *nisi restituat* et cette restitution s'appliquait bien certainement à la *res* et à la *causa* (35, *de Verb. signif.*, L. 16, — 75, *eod. tit.* — 17, § 1-20-35, § 1, *De Rei vind.* — 22, *Cod., eod. tit.*, etc.).

Notre règle fut bientôt appliquée aux actions de bonne foi, car la bonne foi exige que le demandeur soit rendu complétement indemne si sa prétention est fondée ; quant aux actions *stricti juris*, et peut-être quant aux autres actions personnelles qui ne sont ni *stricti juris*, ni *bonæ fidei*, la règle ne leur fut appliquée que plus tard, sur l'initiative de Cassius et de Sabinus (38, § 7, *De Us.*, XXII, 1).

Notre opinion est corroborée par les textes. « Il est généralement admis, dit Papinien (2, *De Us.*), que *même dans les actions personnelles* (*quamvis in personam actum sit*), les accessoires doivent être fournis. » Cette première phrase montre bien que notre règle ne fut d'abord admise que pour les actions réelles. « Et, continue

Papinien, cette opinion s'appuie sur ce motif que telle est la chose au jour de la demande, telle elle doit être donnée, et par conséquent les fruits et le port doivent être restitués. »

Plus loin (3, § 1, *eod.*), il ajoute : « même dans « les actions qui ne sont ni arbitraires, ni de « bonne foi, la *causa* doit être donnée au deman- « deur, à partir de la *litis contestatio* jusqu'à la « *res judicata.* » Ce qui prouve jusqu'à l'évidence que notre principe s'appliqua aux actions arbi- traires et de bonne foi, avant de s'appliquer aux actions personnelles.

La *causa*, avons-nous dit, comprend les intérêts (*usuræ*); il nous reste, pour être complets, à en dire quelques mots. Nous serons d'ailleurs fort brefs sur cette question qui comporte de très-longs développements et pourrait nous entraîner bien loin des bornes que nous nous sommes fixées.

Les intérêts peuvent être dus en vertu d'une cause antérieure à la *litis contestatio*.

Dans ces cas, la *litis contestatio* n'en arrête pas le cours (35, *de Us.*). Le juge les estimera dans le montant de la *condemnatio*. Sur ce point pas de difficulté, mais la question plus délicate qui se pose à ce sujet est celle-ci : la *litis contestatio* fait- elle courir les intérêts?

Disons brièvement notre avis sur ce point; quant aux *condictiones certæ pecuniæ*, on con- vient généralement que le juge ne pourra accor- der d'intérêts judiciaires, à cause de la nature de cette action qui veut que la somme contenue dans l'*intentio* soit reproduite exactement dans la *condemnatio*. La question reste donc, quant aux *actiones incertæ*. Pour les actes de bonne foi, nous pensons que le juge pourra accorder des intérêts quand cela sera conforme *æquo et bono*. Pour les actions de droit strict il ne le pourra pas, et en cela notre opinion est contraire à la doctrine de M. de Savigny.

Plusieurs textes ont été invoqués contre nous ; examinons-les rapidement. Le premier est la loi 35, *de Us.*, ainsi conçue : « *Lite contestata usuræ currunt.* » Ce texte ne nous arrêtera pas, il est généralement admis aujourd'hui, qu'il signifie simplement que la *litis contestatio* n'arrête pas le cours des intérêts, et M. de Savigny lui-même admet cette interprétation.

On a encore argumenté contre nous de la loi 34, *de Us.*, qui assimile les intérêts aux fruits, et les fruits, on le sait, sont dus dans toutes les actions à partir de la *litis contestatio*. Nous nous bornerons à répondre ici qu'Ulpien ne constate cette assimilation que dans les actions de bonne foi.

Enfin de ce texte et d'un autre au Code (*de Us.*, V, 47) qui assimilent tous deux les legs au fidéicommis au point de vue des *usuræ*, on a voulu conclure que le juge devait accorder des intérêts judiciaires dans les *conditiones*. Nous répondrons sur ce point que, quant au premier de ces deux textes, il a été, sur l'aveu de tout le monde, interpolé par les compilateurs: quant au second, il énonce une règle vraie pour le temps de Justinien, puisque ce prince assimila complétement les legs aux fidéicommis.

L'opinion que nous combattons ne repose donc sur aucun texte; nous pouvons même ajouter que le principal argument de M. de Savigny qui assimile les intérêts aux fruits, nous semble contredit formellement par une décision de Pomponius (121, *de verb. signif.*) : « Usuræ pecuniæ quam percipimus, dit-il, in fructu non est quia non ex ipso corpore sed ex alia causa est, id est nova obligatione. » Il y a donc différence entre les fruits et les intérêts, et par conséquent on conçoit que les mêmes règles ne leur soient pas applicables.

Si de plus nous ajoutons que nous avons un texte qui contredit formellement la doctrine de M. de Savigny (1, *Cond. ind.*, C. IV, 4), nous déciderons que les intérêts judiciaires ne courront pas dans les actions de droit strict.

Disons, en terminant, que dans les actions arbitraire et de bonne foi, il y avait lieu au *juramentum in litem*, c'est-à-dire que le juge déférait le serment au demandeur pour que celui-ci déterminât lui-même le montant de sa prétention. Il ne faut pas cependant confondre à ce point de vue, ces deux sortes d'actions ensemble. Dans les actions arbitraires, le juge était tenu de déférer le serment quand le défendeur s'était mis par son dol dans l'impossibilité de satisfaire et ce serment avait lieu *in infinitum sine ulla taxatione*. Quand il s'agissait d'actions de bonne foi, le juge n'était pas tenu de déférer le serment et, dans tous les cas, il pouvait fixer un chiffre au-delà duquel l'appréciation par serment n'aurait plus d'effet. (68, *de Rei vind.*, VI, 1. — 4, § 2, *de Jur. in lit.*, XII, 3).

§ IV. — *Des Effets de la condemnatio.*

La condamnation avait pour conséquence nécessaire l'exécution; cependant, pour arriver à ce but, une condamnation n'était pas toujours indispensable. La reconnaissance du droit du demandeur faite *in jure* par une personne capable sur un fait possible et sans erreur de fait (14, § 1er, *de Inter. in jure*, XI, 1. — 2, *de Conf.*, XLII, 2. — 23, § 2, *Ad. leg. Aq.*, IX, 2) était réputée contenir la vérité et le défendeur était tenu pour jugé. *Confessus in jure pro judicato habetur* (voyez, *Loi Rubria Cisalpina*, C., 21-22. — 56, *de Re jud.*, XLII, 1. — 1, 3, 4, 6, *de Conf.*). Ce principe formulé d'abord par la loi des XII Tables quand il s'agissait de sommes d'argent (*Aul. Gel.*, XX, 1), fut étendu plus tard aux autres cas. Cependant dans ces derniers cas l'assimilation du *confessus* à celui qui avait été condamné n'était pas complétement exacte. En effet, quand la reconnaissance n'avait pas pour objet *certa pecunia*, il fallait déterminer l'étendue du droit du demandeur et, dans ce but, il y avait lieu à la délivrance d'une formule ; le magistrat donnait ici une action *confessoria* pour fixer la somme que le défendeur devait payer (23-25, §§ 1-2, *ad. Leg. Aq.*). On peut comparer cette hypothèse à celle ou le défendeur avait avoué devant le juge.

De la *confessio in jure*, nous pouvons rapprocher le cas où le serment ayant été déféré devant le magistrat le demandeur l'a prêté, ou bien le défendeur a refusé de jurer. Si la prétention du demandeur a pour objet *certa pecunia*, le défendeur sera tenu pour *judicatus* et l'exécution pourra être poursuivie. Si la demande n'a pas pour objet *certa pecunia*, le magistrat devra nommer un juge dont la mission sera d'*œstimare litem*, comme quand le défendeur a fait *in jure* une *confessio* portant sur une somme incertaine. (34, §§ 4, 6, 7, *de jure Jur.*, XII, 2) (1).

La conséquence nécessaire de la *condemnatio*, avons-nous dit, était l'exécution ; il serait intéressant d'étudier ici les différents procédés qui furent usités à Rome pour exécuter les décisions de la justice, mais cet appendice à l'étude que nous venons de faire comporterait de trop longs développements pour que nous puissions lui réserver une place, sous ce paragraphe. Nous terminons ponc ici nos explications sur la *condemnatio*.

(1) Voyez sur ces points Walter, *op. cit.*, p. 50,

Rappelons seulement que le juge n'étant à Rome qu'un simple juré, sa mission finissait avec la sentence et c'était au magistrat qu'il fallait recourir pour l'exécution.

Rappelons encore que cette exécution, barbare sous la procédure des actions de la loi, s'adoucit peu à peu sous la procédure formulaire et la **procédure** extraordinaire. Désormais ce fut le patrimoine et non plus la personne du débiteur qui répondit de la dette, et de l'ancienne exécution *in personam*, il ne resta plus que la contrainte par corps, adoucie par le bénéfice de cession de biens et les dispositions postérieures des empereurs.

Sous l'empire de la procédure formulaire, quand le débiteur contestait l'existence ou la validité du jugement, le magistrat donnait au demandeur l'action *judicati*. Le défendeur, dans ce cas même, plaidant *suo nomine*, devait fournir la *cautio judicatum solvi*, et était condamné au double en cas d'*inficiatio*.

Ajoutons enfin que, dans certains cas énumérés aux Institutes (§ 2, *de Pœn. tem. lit.*, IV, 16), la condamnation emportait infamie contre le défendeur.

DROIT FRANÇAIS

DE L'EFFET DÉCLARATIF DU PARTAGE

> « Selon les principes de notre Droit français,
> très-opposés à ceux du Droit romain, les par-
> tages n'ont aucun rapport avec l'échange ; ce
> ne sont pas des actes par lesquels les coparta-
> geants acquièrent ni soient censés acquérir
> rien les uns des autres. »
>
> (Pothier, *Vente*, nº 630.)

INTRODUCTION HISTORIQUE

Le principe que le partage est déclaratif et non
translatif de propriété, appartient exclusivement
au droit français ; le droit romain ne connut
jamais rien de semblable, et les jurisconsultes
considérèrent toujours le partage, comme un acte,
dans lequel chaque copartageant était l'ayant-
cause des autres. Cet acte était donc pour eux
essentiellement translatif, et ce principe ressort
nettement de la loi 77 § 18 *de legatis* au Digeste,
qui assimile le partage à l'échange, et de la loi 1,

Code *Utriusque Jud.*, III, 38 qui, peut-être sous l'influence d'une réminiscence sabinienne, l'assimilait à la vente. Nous ne remonterons donc au droit romain que pour constater simplement, que le principe qui doit être l'objet de notre étude n'y fut jamais admis.

De nos jours, il est vrai, des auteurs ont cru trouver l'origine et le germe de ce principe dans un texte du Digeste (31 *De Us. et Usuf.* XXXIII, 2), où il est dit, que Trebatius décida dans l'hypothèse du partage d'un immeuble, où un des copropriétaires avait légué l'usufruit de sa part indivise à sa femme, que la part échue par le partage à l'autre copropriétaire serait exempte du droit d'usufruit, tandis que la portion échue à l'héritier du mari, serait grevée pour le tout et non pas seulement pour une moitié indivise.

On ne peut rien conclure de là, suivant nous; en effet, d'abord, cette théorie ne prévalut pas, et Labéon qui la rapporte, la rejette formellement. De plus, même en transportant en droit romain l'art. 883 et le principe qu'il contient, on ne saurait arriver à une explication satisfaisante du texte précité. L'effet de l'art. 883 en cette hypothèse aurait été d'anéantir le droit d'usufruit grevant la part du copropriétaire du mari, mais jamais à l'aide de cet article on n'aurait pu grever pour le tout la part échue à l'héritier de ce dernier.

Nous aurons donc à rechercher dans cet historique, par suite de quel concours de circonstances et sous l'empire de quelles influences, la règle romaine fut peu à peu abandonnée, et fit place au principe de l'effet déclaratif du partage contenu dans l'art. 883 du Code civil. Dans cette étude, nous aurons pour guide un savant auteur, M. Championnière. (*Revue de Législation*, t. VII, p. 405.)

C'est à l'époque de la féodalité que nous devons nous reporter, pour apercevoir l'origine première de notre principe. A cette époque, la propriété territoriale se trouvait constituée d'une façon toute particulière, par suite d'une série de contrats de caractères différents et de formes variées; toute terre eut deux maîtres simultanés et dépendants l'un de l'autre : le seigneur et le vassal. Entre eux existaient des obligations réciproques, et comme le contrat qui les liait l'un à l'autre était surtout basé sur la considération de la personne, on comprend facilement qu'ils ne pouvaient se substituer un tiers dans l'exercice de leurs droits, ou dans l'accomplissement de leurs obligations. Le fief ne pouvait donc pas être aliéné par le vassal sans le consentement du seigneur, et réciproquement. Toutefois, les seigneurs surent bientôt se soustraire à cette règle, qui continua à être appliquée avec la plus grande rigueur à l'égard des vassaux, et cette rigueur était telle en Allemagne, que, non-seulement l'aliénation était considérée comme nulle, mais encore le vassal était dépouillé du fief, et le notaire qui avait prêté son ministère à de semblables aliénations, condamné à la perte du poing. (*Feud.* lib. II, t. LV. pr.)

Mais, s'il en fut ainsi à propos de la transmission entre vifs, d'un autre côté, la transmission à titre héréditaire vint à s'établir, et avec elle la patrimonialité des fiefs. A ce sujet se posa une question importante : le fief transmis par succession pouvait-il être divisé? On comprend toute l'importance que devait avoir en cette matière le caractère du partage, puisque s'il était un acte translatif, il était sévèrement prohibé. D'après le droit romain, le partage devait donc être impossible; mais, à cette époque, le droit romain était peu connu ; « les juges, comme le dit M. Championnière, étaient hommes d'épée et la subtilité du droit avait peu de part à leur jurisprudence. » Aussi le droit de partager fut-il reconnu aux enfants par la pratique, comme conséquence naturelle du droit de succéder au fief. « Quand les docteurs se réveillèrent, et purent gloser les textes et raisonner le droit, la question était résolue. »

Cette faculté de partager était évidemment nuisible aux seigneurs suzerains, intéressés à avoir de puissants vassaux ; le partage en affaiblissant chaque vassal, affaiblissait également le seigneur, aussi les hauts feudataires luttèrent-ils avec opiniâtreté contre la règle que la pratique avait consacrée. Nous en trouvons la preuve, dans une assise restée célèbre dont parle d'Argentré (*Ad-*

vis sur les partages nobles); cette assise fut publiée en 1183 par Geoffroy, duc de Bretagne; il y fut décidé par le commun consentement des évêques et de tous les barons de Bretagne, « que d'icy en avant ne se fera division ne partage des baronnies ny fiefs des chevaliers. Ains, l'aîné obtiendra la seigneurie du tout, et pourvoiront les aînés aux puînés en sorte qu'ils se puissent honnêtement entretenir. » Cette mesure fut adoptée par tous les fiefs de dignité, et cela se conçoit, les hauts feudataires étant eux-mêmes trop intéressés au maintien de la féodalité pour essayer de s'y soustraire. Quant aux fiefs de moindre importance, cette disposition ne put s'y appliquer par suite de la résistance énergique que les vassaux opposèrent aux seigneurs. De là naquit l'institution du *parage;* le fief se partageait en fait entre tous les enfants, mais vis-à-vis du seigneur était censé avoir été attribué en entier à l'aîné. Ce dernier désormais était seul tenu vis-à-vis du seigneur, lui seul était son homme et lui devait foi et hommage pour la totalité du fief. Les autres frères qui cependant possédaient une portion de ce fief, n'étaient pas tenus vis-à-vis du seigneur, ils n'étaient pas non plus les arrière-vassaux de l'aîné dont ils étaient les égaux (*pares*). De là, naquit également le droit d'aînesse qui assignait à l'aîné une part plus grosse dans le fief, variant suivant les coutumes. Sauf ces modifications, le partage continua à avoir lieu entre les vassaux sans le consentement des seigneurs. Il n'en fut ainsi, cependant, que dans les partages héréditaires; pour les partages à tout autre titre, la règle ancienne subsista, et ils ne purent avoir lieu sans le consentement du seigneur.

Peu à peu, la féodalité de militaire devint fiscale; les seigneurs désormais eurent moins besoin des services de guerre de leurs vassaux, que de leurs services pécuniaires. Aussi attachèrent-ils moins d'importance aux personnes de leurs vassaux, et finirent-ils par consentir à l'aliénation des fiefs moyennant le payement d'un droit appelé « *droit de lods et vente.* » Le consentement du seigneur devenant une simple formalité, à la nécessité d'obtenir l'autorisation du seigneur, fut substituée la nécessité d'acquitter les profits, et les fiefs en principe purent être aliénés.

Le partage fut-il soumis au payement du profit de lods et vente? Plusieurs auteurs et notamment M. Championnière ont soutenu la négative, l'exemption de droits de mutation étant pour eux la conséquence nécessaire de la liberté de partager sans demander l'autorisation du seigneur. Cette opinion a été attaquée, et M. Valabrègue, dans un intéressant article sur notre sujet (*Revue pratique*, t. 34, p. 483) a réfuté la théorie de M. Championnière. Aux inductions de ce dernier, M. Valabrègue répond par des textes. « Charandas, nous dit-il, l'annotateur de la Somme rurale de Bouteiller, nous apprend, que relever du seigneur, signifie que le nouveau vassal auquel le fief est advenu, soit par succession, *partage*, donation ou autre espèce d'acquisition, est tenu de relever du seigneur duquel il est tenu et mouvant, et à cette fin le reconnaître pour seigneur, lui faire la foi et l'hommage et payer le droit de relief, si aucun est dû par la coutume du lieu. » De même Jean Raynaud : « *Quia divisio similis est permutationi et imo proprie permutatio est, de illa permutatione datur laudimium.* » De là, ce système conclut, avec raison suivant nous, que les partages, du moins à l'origine, furent soumis aux droits de lods et vente, et que l'exemption dont ils jouirent plus tard ne fut pas une conséquence immédiate de la règle qui les rendait possibles indépendamment du consentement du seigneur. Nous verrons, en effet, tout à l'heure les arguments subtils employés par les anciens légistes pour justifier l'immunité du partage ; il est probable, comme le fait remarquer M. Valabrègue, qu'on n'aurait pas eu recours à tant de finesse s'il s'était agi simplement d'appliquer un principe antérieurement reconnu, et que les légistes « avaient pour but de tenter une victoire bien plus que d'affirmer un principe. »

On peut conjecturer, que l'immunité des partages s'introduisit après que le principe de la saisine héréditaire eut triomphé. En effet, les docteurs qui avaient fait tomber le droit de relief, devaient tout naturellement essayer d'assurer l'immunité aux partages héréditaires. C'est, du reste, à la maxime : « le mort saisit le vif, » que la plupart des légistes rattachèrent plus tard le principe que le partage est déclaratif, quand ils voulurent en donner une explication. On peut aussi, légitimement, supposer que, la question ne se posa que quand le parage eût disparu de notre ancien droit français. Jusque-là, en effet, le partage n'existant pas à l'égard du seigneur, celui-ci n'eut ni à donner son autorisation ni à percevoir des droits de mutation. Quand, au quinzième siècle, chaque héritier dut porter foi et hommage pour sa part, les droits de mutation avaient déjà remplacé le consentement à donner par le seigneur.

Reste maintenant à examiner les arguments mis en avant par les légistes, pour justifier l'immunité ainsi accordée aux partages. C'est dans le droit romain qu'on alla les chercher. La loi 3 au Code, *De jure emphyteutico* défendait l'aliénation de l'emphytéose, cependant on convenait généralement que ce droit pouvait être partagé. Jason expliquait cette anomalie par la loi 12, *De Cond. furtiva*, qui crée une situation toute particulière à celui contre lequel le partage a été provoqué. Le partage, en concluaient les légistes, contenait donc une aliénation d'une nature particulière qu'il ne fallait pas soumettre aux principes généraux ; c'était, en effet, un acte *nécessaire* (5, *Code*, 14, § 2, *Com. divid.*, Dig.), et comme tel licite, malgré la prohibition d'aliéner.

Ce système fut étendu de l'emphytéose aux

fiefs, il avait, en effet, le mérite de justifier l'innovation des légistes sans rompre avec les traditions
romaines, et telle fut la faveur dont il jouit, qu'au
dix-huitième siècle, longtemps après que le principe de l'effet déclaratif du partage eut été admis
par tous, Pocquet de Livonières s'en servait encore pour expliquer l'immunité dont jouissait le
partage au point de vue fiscal *(Traité des fiefs*, III,
chap. 6, sect. 6).

Cette explication, cependant, était loin d'être
satisfaisante; et les textes romains qu'on invo-
quait devaient souvent se trouver en contradiction avec les principes de notre vieux droit coutu-
mier. Les partages héréditaires jouissaient seuls,
en effet, de l'immunité, et cependant la loi romaine ne faisait aucune distinction entre les différentes espèces de copartageants (2. *Com. div.*).
Cette distinction fut attaquée par Dumoulin et
finit par disparaître, mais il en resta un vestige;
pour que le partage fût exempté des droits seigneuriaux, il fallait que les copartageants eussent
un titre commun, et le bénéfice d'immunité ne
fut pas étendu au partage effectué entre les copropriétaires primitifs et le cessionnaire de l'un
d'eux. De plus, Barthole en faisait la remarque,
les jurisconsultes romains ne voyaient dans le
partage un acte nécessaire que pour le défendeur à
l'action en partage, et cependant l'immunité était
accordée par nos anciens légistes à toutes les parties indistinctement. Enfin, on peut faire remar-

quer que l'expropriation forcée qui donnait lieu évidemment à une aliénation nécessaire, était néanmoins soumise aux droits de mutation.

Aussi, cette explication finit-elle par faire place à une autre théorie qui fut l'œuvre des praticiens. Toutes les aliénations étaient soumises à des droits de mutation ; le partage en était exempté ; les praticiens en conclurent que le partage ne contenait pas d'aliénation. Les praticiens furent conduits naturellement à cette opinion par suite de la manière dont ils envisageaient le droit, sans se préoccuper des subtilités de la théorie, mais les romanistes protestèrent contre cette nouvelle doctrine dont les conséquences devaient être si importantes par la suite.

Ce fut à propos de matières féodales, que le principe fut appliqué, pour la première fois, dans une hypothèse que Brodeau nous a rapportée (Cout. de Paris, art. 37, n° 35, Arrêt du 6 avril 1574) ; mais la question devait se poser par la suite sur les matières de droit civil. Déjà, dans une controverse qui s'était élevée à propos du retrait lignager, on s'était demandé si le partage donnait lieu à l'exercice de ce retrait, et Chassanée, qui parle de cette question dans son Commentaire de la coutume de Bourgogne, nous apprend qu'un des arguments invoqués par les adversaires du retrait était celui-ci : « *Divisio non est alienatio.* »

Presqu'à la même époque, la question se posa dans une hypothèse bien plus pratique ; la ques-

tion pouvait se formuler en ces termes : Les droits
réels grevant un immeuble du chef d'un des
cohéritiers, sont-ils opposables à l'autre cohéritier
au lot duquel l'immeuble grevé est attribué ? Sur
ce point, le droit romain était formel, les charges
réelles continuaient d'exister, et c'était là une conséquence de l'effet translatif du partage. Néanmoins les jurisconsultes, appelés à délibérer sur
ce point, décidèrent, dans l'espèce qui leur était
soumise, que la saisie féodale pratiquée par un
seigneur sur la part indivise d'un cohéritier dans
un immeuble héréditaire, était nulle si l'immeuble
était attribué à un autre copartageant. Cette décision fut adoptée malgré l'influence du droit romain, malgré la résistance de Dumoulin, qui rap-
pelait à ce sujet que cette opinion, qui avait été
jadis celle de Trebatius, avait été unanimement
condamnée, et les arrêts du parlement la consa-
crèrent. Dès lors, on put dire que le partage
était déclaratif.

La résistance de Dumoulin, dit M. Championnière, « fut le dernier soupir du système romain
dans la France coutumière : Bacquet, Coquille,
Chopin l'abandonnèrent ; des arrêts nombreux
suivirent celui qu'avaient indiqué les adversaires
de Dumoulin ; lui-même, par ses opinions ulté-
rieures, s'écarta de sa doctrine ; Mornac, en com-
mentant la loi 7, *quib. mod.*, la déclara morte ;
une dissertation de Louet fut son tombeau, et
depuis on n'en a plus parlé. »

Depuis, aucune discussion ne s'éleva sur cette question. Le principe de l'effet déclaratif du partage est universellement adopté et tous les auteurs du dix-septième siècle le proclament. Ferrière, dans ses notes sur la Coutume de Paris, l'avocat général Talon, devant le Parlement de Paris, Lebrun (*Success.*, IV, ch. I, n° 21) professent la nouvelle doctrine; seul, Domat faisait exception à la règle générale. Il assimilait encore le partage soit à la vente, soit à l'échange; mais, par une singulière contradiction, il concluait, à l'exemple de ses contemporains, à l'extinction des droits réels consentis pendant l'indivision par un des communistes. Ajoutons toutefois que, longtemps encore, de nombreux auteurs expliquèrent l'exemption des droits seigneuriaux dont jouissait le partage, par la vieille théorie des aliénations nécessaires; cette explication n'était plus évidemment d'accord avec les principes alors universellement admis; elle ne disparut cependant que fort tard, et Henrion de Pansey fut celui qui lui porta le premier coup.

Jusqu'à présent nous nous sommes occupés du partage pur et simple, mais sous l'empire du Code civil, le principe déclaratif s'applique également à la licitation et au partage avec soultes ou retours de lots; nous devons donc rechercher maintenant quelle fut l'origine de la règle pour ces deux classes d'actes.

A l'origine, les seigneurs ne virent pas la licitation d'un mauvais œil, puisqu'elle tendait le plus souvent à maintenir le fief dans son intégralité, mais quand ils eurent permis le partage des fiefs, moyennant le payement d'un droit de lods et vente, ils voulurent étendre ce profit aux licitations, et la lutte s'engagea à ce propos entre eux et les légistes.

Dumoulin, ce puissant adversaire de la féodalité, démontra que la licitation étant un acte nécessaire comme le partage, devait, comme lui, être exempté des droits seigneuriaux, et cette doctrine fut acceptée par tous les jurisconsultes pour le cas où les héritiers seuls étaient admis à surenchérir. Plus tard on ne distingua plus, et Dumoulin, dans son Commentaire sur la Coutume de Paris, titre des Censives, appliqua cette règle à la licitation où les étrangers avaient été admis à se porter enchérisseurs.

Cette doctrine fut acceptée par la jurisprudence, et, dès l'année 1536, nous trouvons en ce sens un arrêt dont nous parle Dumoulin (Coutume de Paris, titre des Censives, § 78, glos. 1, § n° 170).

En 1580, lors de la réformation de la Coutume de Paris, la doctrine de Dumoulin fut consacrée par l'art. 80, ainsi conçu : « Si l'héritage ne se peut partir entre cohéritiers et se licite par justice sans fraudes, ne sont dues aucunes ventes pour l'adjudication faite à l'un d'eux, mais s'il est adjugé à un étranger l'acquéreur doit vente. »

La rédaction de cet article donna lieu à des difficultés. Les partisans de la féodalité en conclurent que la licitation n'était exemptée des droits seigneuriaux, que quand elle avait lieu entre cohéritiers. Les jurisconsultes répondirent, que le droit romain rejetait formellement cette distinction, et leur opinion consacrée par la jurisprudence triompha définitivement. Dès 1609, un arrêt rapporté par Brodeau (Sur Louet, lettre L, ch. IX), établit cette doctrine pour la licitation d'un conquêt de communauté.

De même, en se fondant sur le texte de l'article, on prétendit encore. que l'exemption ne devait avoir lieu, qu'en matière de licitation en justice et seulement quand il y avait impossibilité absolue de faire un partage en nature. Mais cette interprétation rigoureuse fut abandonnée, et la jurisprudence la rejeta comme elle avait rejeté la précédente.

Jusque-là, la question n'était pas sortie du domaine féodal et était restée purement fiscale; au dix-septième siècle, elle fut introduite dans le droit civil. En 1650, il fut décidé sur les conclusions de l'avocat général Talon, qu'il n'y avait pas lieu au retrait lignager dans l'hypothèse d'une licitation. (Voy. Brodeau, sur l'art. 154.)

Au dix-huitième siècle, quand fut établi l'impôt du centième denier, cet impôt s'appliqua à la licitation, on déduisait cependant dans le calcul de la somme à percevoir la portion appartenant déjà à l'adjudicataire. Néanmoins, le principe de l'effet déclaratif continua à être admis en matière de licitation, et, pour nous en convaincre, il suffit de lire Pothier (*Vente*, 639-40), dont les développements à ce sujet ne peuvent laisser aucun doute.

La même théorie fut étendue également aux partages avec soultes ou retours de lots. Comme la licitation ils furent à l'origine soumis au droit de lods et vente; cependant, l'art. 113 de la Coutume d'Orléans décida que : « Pour partages, divisions et subdivisions entre cohéritiers, n'y a profit au seigneur censier encore qu'il y ait tournes. » Quand le principe de l'effet déclaratif du partage fut appliqué aux licitations, il dut logiquement s'appliquer aux partages avec soultes, puisque la soulte n'est, au fond des choses, qu'une sorte de licitation amiable.

L'impôt du centième denier frappa le partage avec soulte comme il avait frappé la licitation, mais seulement jusqu'à concurrence de la quantité de biens dont la soulte pouvait être considérée comme le prix.

Le principe ne s'en maintint pas moins pour le partage avec soulte, au point de vue civil comme il s'était maintenu pour la licitation. C'est ce que Pothier dit formellement (*Vente*, n° 630) : « Ceci a lieu quoique le partage ait été fait avec retour en deniers, celui à qui est échu le lot le plus fort est censé avoir été héritier du total de ce qui y est contenu, à la charge de retour, et celui à qui est tombé le plus faible lot, censé n'avoir été héritier que des choses qui y sont tombées au moyen du retour que lui font ses copartageants. »

La même théorie fut appliquée à tout acte ayant pour but de faire cesser l'indivision, encore que les parties ne les eussent pas qualifiés de partages ou de licitations ; cette théorie qui eut pour premier auteur d'Argentré (*De Laudimiis*, § 53) fut adoptée sans difficulté par tous les jurisconsultes du dix-huitième siècle.

Ainsi, s'établit dans notre ancien droit, le principe que le partage est déclaratif de propriété. Cette doctrine fut développée par Pothier auquel les rédacteurs du Code empruntèrent presque entièrement le texte de l'art. 883. Pothier avait dit : « Chaque héritier est censé avoir seul succédé immédiatement au défunt, à tous les effets compris dans son lot et n'avoir succédé à aucun de ceux compris dans le lot de ses cohéritiers. » (*Des Success.*, chap. IV, art. 5, § 1er). L'art. 883 est ainsi conçu : « Chaque cohéritier est censé avoir succédé seul et immédiatement à tous les effets compris dans son lot ou à lui échus sur licitation et n'avoir jamais eu la propriété des autres effets de la succession. » Les rédacteurs du Code adoptèrent donc sans difficulté ce principe que la tradition leur avait conservé ; et telle est son utilité pratique que, lors des travaux préparatoires du Code, il fut admis sans discussion comme une règle naturelle sur l'existence de laquelle aucun doute n'était possible. C'est à peine en effet si le principe déclaratif paraît avoir attiré l'attention de Chabot de l'Allier, le rapporteur chargé de présenter le titre des Successions au Corps législatif (Fenet, t. XII, p. 210); et des œuvres de Pothier, où les rédacteurs aimaient à s'inspirer, il passa naturellement et sans bruit dans notre Code dont il constitue un des articles les plus importants.

CHAPITRE PREMIER

PORTÉE GÉNÉRALE DE L'ART. 883

Une des qu estions les plus importantes, et qu'il importe de traiter au début même de la matière, est celle qui se pose relativement à la portée générale de l'art. 883.

L'objet de notre article est spécialement de protéger chaque cohéritier contre les droits acquis durant l'indivision du chef des autres cohéritiers. Son application doit donc se faire pour régler les rapports entre chaque cohéritier et les ayants-cause des autres. De plus, l'application doit s'en faire également quant aux rapports des cohéritiers entre eux, et par conséquent le défaut de payement de soulte ou du prix de licitation, ne donnerait pas lieu à résolution du contrat.

Mais faut-il s'en tenir là? Faut-il restreindre la portée de la règle contenue dans l'art. 883 à l'hypothèse même qu'il prévoit, ou faut-il, au contraire, en élargissant les termes, faire de notre article un principe général et absolu, régissant toutes les matières du droit civil, alors même qu'on ne se trouverait pas dans les conditions en vue desquelles la règle a été établie?

La question présente un intérêt dans nombre d'hypothèses.

Ainsi que décider quant aux rapports de chaque cohéritier avec des tiers non ayants-cause des autres? L'art. 710, du Code civ. dispose que si le fonds dominant appartient à plusieurs dont un mineur, tant que durera cette minorité, la servitude ne pourra s'éteindre par non-usage à l'égard de tous. *In individuis major relevat minorem.* Si le partage attribue l'immeuble entier à un majeur, l'art. 883 s'appliquera-t-il?

De même la question se pose encore quant aux rapports entre les ayants-cause d'un même héritier ou entre un héritier et ses propres ayants-cause. Sur toutes ces hypothèses, nous aurons à revenir et à nous expliquer plus en détail, dans le cours de ce travail; aussi ne les énumérons-nous qu'à titre d'exemples, et pour bien montrer immédiatement l'importance qui s'attache à notre question.

Tout d'abord, un argument décisif semble se dégager de l'art. 884 qui établit entre cohéritiers

l'obligation de garantie. Cette obligation, a-t-on
dit, ne repose que sur l'idée d'une cession ; le
législateur a donc pour cette hypothèse aban-
donné la fiction du partage déclaratif, pour en revenir à la vérité juridique et au caractère translatif; d'où on a conclu, que l'art. 883 rédigé *contra
rationem juris*, doit être restrictivement interprété
et limité à l'hypothèse spéciale pour laquelle il a
été créé.

Cet argument, bien que sérieux, ne nous con-
vainc pas, car, si cette explication de l'art. 884
devait être admise, elle conduirait à dire que le
principe de l'art. 883 ne s'applique pas entre cohéritiers, ce que nous ne saurions accepter. La
question reste donc entière.

Deux systèmes diamétralement opposés sont en
présence sur cette importante question. L'un voit
dans l'art. 883 un principe général et absolu, devant rayonner sur toutes les matières du droit
civil ; l'autre, au contraire, voit dans l'article une
fiction, devant s'interpréter restrictivement et
seulement quand on se trouve dans les conditions
expressément indiquées par le législateur.

Tout d'abord, nous devons dire, que, quelles que
soient les puissantes autorités sur lesquelles s'appuie le premier système, il nous est impossible de
l'admettre. Examinons les arguments qu'il invoque.

Voici comment s'exprime M. Demolombe sur ce

point (1) : « On ne manque pas de bonnes raisons
« pour justifier notre manière de voir, en ce qui
« concerne le partage en nature. L'indivision dans
« laquelle se trouvent les cohéritiers, est en effet
« soumise à la condition du partage ; chacun
« d'eux, en conséquence, peut être considéré
« comme propriétaire sous une condition sus-
« pensive, de ceux des biens de la masse hérédi-
« taire, qui seront compris dans son lot et comme
« propriétaire, seulement sous condition résolu-
« taire, de ceux des biens qui seront compris dans
« le lot de ses cohéritiers, et l'effet rétroactif de la
« condition accomplie, est ainsi, que chacun d'eux
« est censé avoir toujours été propriétaire des
« biens à lui échus, et n'avoir jamais été proprié-
« toire des biens échus à ses cohéritiers. »

Ecoutons maintenant M. de Valroger : « Son
« droit (2) (*celui de chaque cohéritier*), dit-il, plan e
« sur toute la succession : c'est le partage qui le
« déterminera. Un bien tombe à mon lot ? C'est la
« condition suspensive sous laquelle j'étais pro-
« priétaire de chaque objet héréditaire qui s'ac-
« complit pour ce bien. Tel autre bien échoit à
« votre lot ? Par l'effet de la condition résolutoire,
« qui correspond toujours à la condition suspen-
« sive, le droit que je paraissais y avoir ne doit-il
« pas s'effacer ? Pourquoi donc appeler la maxime
« française une fiction, comme on le fait commu-

(1) Demolombe, *Traité des successions*, t. V, nº 258.
(2) *Revue de droit français et étranger*, t. VII, page 108.

« nément? Il y a fiction, si la rétroactivité atta-
« chée aux conditions en est une, mais cette
« rétroactivité n'est-elle pas plutôt une vérité? Le
« droit, sans doute, n'apparaît pas jusqu'à l'évé-
« nement qui le fera éclater. » Quant aux termes
mêmes de l'art. 883, chaque héritier est *censé*....
M. de Valroger ne voit « là que le legs des habi-
« tudes de langage de nos jurisconsultes anciens. »

Cette opinion a été l'objet des plus vives atta-
ques. On s'est d'abord appuyé sur le mot : *censé*,
dont se sert l'article, mot qui montre bien que le
Code a entendu consacrer ici une fiction. De même
le mot *seul* a été également invoqué contre la
thèse que nous venons d'exposer. Seul entre tous
les cohéritiers, a voulu dire la loi, c'est donc seulement d'eux que s'occupait le législateur. Enfin on
a argumenté de la place qu'occupe l'art. 883.
« Dans le titre des successions, a-t-on dit, le légis-
« lateur s'occupe du règlement de certains inté-
« rêts qui naissent et sont mis en mouvement par
« suite de l'ouverture d'une succession.... De l'in-
« térêt des tiers, ce n'est pas le lieu d'en prendre
« souci ; on s'en occupera plus loin (1). »

Ces raisons sont-elles bien probantes? Il faudrait, pensons-nous, se garder d'y attacher plus
d'importances qu'elles ne le méritent. A vrai dire, ce
ne sont toujours que des arguments de texte fort
discutables d'ailleurs. Ainsi, quant au mot *censé*,

(1) Duquaire, *Revue critique*, t. 3, page 116.

nous avons vu plus haut comment M. de Valroger réfute l'argument qu'on prétendrait en tirer, et il faut bien reconnaître, que notre savant maître a raison, l'expression ayant été copiée dans Pothier, qui voyait dans l'effet déclaratif un principe absolu. Pour le mot *seul,* peut-être est-il trop subtil d'insister sur une expression que le législateur a fort probablement écrite sans aucune arrière-pensée. Enfin, quant à la place qu'occupe notre article, il nous semble à peu près évident, qu'on ne peut rien en conclure. « Que l'effet du partage soit, comme on l'a fait remarquer, plus ou moins étendu ; qu'il ait été pour les rédacteurs une fiction ou une réalité, c'était dans la section consacrée aux effets du partage, que cet article devait être classé (1). »

Laissons donc là le texte de la loi et voyons si le simple raisonnement ne peut nous fournir des arguments plus décisifs. D'abord, un point évident pour nous, c'est que, en réalité, le partage contient forcément une aliénation, une cession. C'est la théorie romaine et c'est la vérité juridique. L'effet du partage, c'est de substituer au droit indivis un droit déterminé. Mais qu'est-ce que ce droit indivis lui-même, sinon un droit de propriété ?

Les cohéritiers étaient donc propriétaires avant l'indivision comme ils le sont après le partage ;

(1) Ernest Tambour (Thèse de doctorat, 1858).

seulement, dès cette époque, leur droit a subi une transformation. Au droit général, mais limité par les droits de tous les autres, sur tous les objets de la succession, a succédé un droit exclusif sur certains objets seulement. Chacun, en réalité, a cédé à ses cohéritiers, son droit à une portion de succession pour acquérir d'eux leurs droits sur une autre partie. Il nous semble donc impossible de voir là, autre chose que des cessions réciproques, un échange et en définitive une série de translations. Si donc le législateur a méconnu dans l'art. 883 cette réalité, nous nous croyons fondés à dire que sa disposition est le fruit d'une conception utile sans doute, mais à coup sûr arbitraire, et c'est en ce sens qu'on a pu dire que ce n'est au fond qu'une fiction.

Quant à l'argument des partisans du premier système, qui assimile l'effet du partage à celui de la condition accomplie, il nous semble complétement arbitraire; car quel est le texte qui donne au fait de la propriété indivise ce caractère conditionnel? Et de plus comment admettre cette théorie en matière de licitation, quand la licitation a pour effet d'attribuer le tout à un des cohéritiers? Car enfin, ce cohéritier n'a jamais été propriétaire que d'une part indivise; comment dire alors qu'il était propriétaire du tout sous condition suspensive ?

L'art. 883 nous semble donc contenir une véritable fiction, et nous en concluons, que l'application de cet article doit être restreinte aux rapports des cohéritiers entre eux, et aux rapports entre chaque héritier et les ayants-cause des autres. Nous sommes d'autant plus portés à admettre cette opinion que nous verrons par la suite, que les auteurs mêmes qui donnent au principe de l'art. 883 la plus large extension, sont, dans nombre de cas, obligés de méconnaître leur doctrine.

CHAPITRE II

DES ACTES AUXQUELS S'APPLIQUE LA RÈGLE DE L'ART. 883

Le Code mentionne deux actes : le partage et la licitation. Occupons-nous d'abord du partage. Le partage peut être pur et simple ou accompagné de soultes ou retours de lots.

I. *Partage pur et simple.* — Sur ce point, pas de difficultés. L'art. 883 s'applique à ce partage, cela va de soi; notons seulement quelques principes généraux. Le partage étant : *l'acte qui termine l'indivision, en substituant pour chaque cohéritier, la propriété de certains biens à la copropriété générale*, il faut nécessairement, qu'il y ait indivision pour qu'il y ait partage. Donc point de partage possible, quand deux ou plusieurs personnes ont sur la même chose, des droits différents et distincts. Supposons, que la succession contienne un fonds, dont l'usufruit a été légué à Primus, et la nue propriété à Secundus, l'acte par lequel ils détermineront respectivement l'exercice de leurs droits, ne sera pas un partage. De même, si un partage, ayant été antérieurement accompli et achevé, les cohéritiers veulent modifier la composition des lots, ce second acte ne sera pas un partage, car, après le premier, il n'y avait plus indivision.

Le principe déclaratif s'applique, quelle que soit la composition des lots, et alors même que le partage ne répondrait pas au vœu émis par le législateur dans l'art. 832.

Il ne faut pas le restreindre non plus à l'indivision entre cohéritiers ; il s'applique, c'est là un point incontestable à toute indivision. Nous avons même, dans le Code, deux articles formels à l'appui de notre dire (art. 1476-1872).

Faut-il maintenant appliquer le principe déclaratif, à ceux qui viendraient au partage, sans y avoir été appelés à l'origine comme cohéritiers? Ainsi, il y a un cessionnaire des droits de l'un des cohéritiers, ce cessionnaire est-il acheteur ou copartageant ? L'indivision doit-elle, en un mot, exister au même titre, ou suffit-il qu'elle se produise entre personnes venant à des titres différents ?

La jurisprudence donne sur ce point des solutions différentes au point de vue civil et au point de vue fiscal. Pour le droit civil, le seul dont nous ayons à nous occuper ici, par rapport au cédant, le cessionnaire est un acquéreur ; vis-à-vis des autres cohéritiers, il faut appliquer les règles du partage. Cette donnée nous semble exacte, et nous n'hésitons pas à l'accepter en nous fondant sur les considérants savamment rédigés sur lesquels s'appuient les différents arrêts. En effet, la vente des droits successifs faite par un cohéritier à un tiers emporte pour ce dernier subrogation complète aux droits de son vendeur, sa position doit donc être identiquement la même que celle qu'aurait eue ce dernier s'il n'avait pas aliéné ses droits ; de plus, ce serait violer l'égalité qui doit exister dans tout partage, que de décider, que les immeubles attribués au cessionnaire, seront grevés des hypothèques consenties pendant l'indivision par les autres copartageants, tandis que les immeubles échus à ces derniers seront exemptés des charges de même nature. Enfin, aucune disposition du Code n'exige que les associés ou cohéritiers le soient devenus au même titre (1).

II. *Du partage avec soulte, ou retours de lots.* — Le partage conserve son caractère, alors même qu'une soulte aurait été stipulée au profit d'un des cohéritiers. C'est là une opinion généralement admise ; elle a cependant été combattue par une autre doctrine à peu près isolée, mais due à un de

(1) Cass., 27 janvier 1857 ; *Contrà,* Douai, 2 mai 1848.

nos plus savants jurisconsultes, M. Rodière (1).
S'appuyant sur le texte de l'art. 883, qui, dit-il,
ne prévoit pas notre hypothèse, et sur une ligne
de l'art. 68 de la loi du 22 frimaire an VII, déci-
dant que, *s'il y a retour, le droit sur ce qui en sera
l'objet sera perçu aux taux réglés pour les ventes*,
M. Rodière voit dans ce partage deux opérations :
1º jusqu'à concurrence de la soulte, une vente ;
2º pour le surplus, un partage. Cette opinion nous
semble inadmissible, et les arguments ne nous
manquent pas pour la combattre. D'abord M. Rodière se sert d'une loi fiscale pour trancher une
question exclusivement civile. De plus, est-il bien
vrai de dire que l'art. 883 ne prévoit pas notre
hypothèse? Il ne l'exclut pas, cela est évident, mais
ne peut-on aller plus loin et faire rentrer cette
hypothèse dans les termes mêmes de l'article?
Qu'est-ce, en effet, qu'une soulte? *C'est*, nous dit
M. Demolombe, *une sorte de licitation à l'amiable,
et comprendrait-on que le législateur eût fait entre
ces-deux opérations une telle différence? Aussi n'en
est il rien et ces mots : à titre de licitation ou autrement, de l'art. 1408, en sont la preuve tex-
tuelle* (2).

Enfin M. Rodière a reculé devant les conséquences de son système. Il admet que le partage,
une fois effectué, a pour résultat de faire évanouir

<hr>

(1) M. Rodière, *Revue de Législation*, 1852, p. 309, et *Recueil de
l'Académie de législation de Toulouse*, 1852, t. I, p. 37.
(2) Demolombe, *Traité des successions*, t. V, nº 269.

les hypothèques et autres droits réels consentis pendant l'indivision du chef d'un des cohéritiers, si le bien grevé ne tombe pas dans le lot du constituant; seulement il ajoute que le droit des créanciers et des tiers se trouve reporté sur la soulte.

De notre théorie découlent des conséquences utiles à indiquer.

Ainsi : 1° le cohéritier débiteur de la soulte n'étant pas un acheteur doit autre chose qu'un prix de vente; donc le cohéritier créancier n'a pas le privilége du vendeur, mais celui du copartageant.

2° S'il y avait vente et que le prix ne fût pas payé, il y aurait lieu à résolution de la vente ou à revente sur folle enchère. Ici rien de semblable; aucune loi n'admet la dissolution du partage dans ce cas, et le principe que le partage n'est pas translatif s'oppose à cette idée.

III. *De la licitation.* — La licitation est assimilée au partage par le texte même de la loi : *ou à lui échus sur licitation,* dit l'art. 883.

Le projet du Code ne parlait pas de licitation; c'est sur une observation du tribunal de Lyon que ces derniers mots furent introduits.

Du reste, le texte est absolu et ne fait aucune distinction. Nous ne distinguerons donc pas non plus, comme on a prétendu le faire, entre la licitation en justice et la licitation à l'amiable, devant le notaire.

Il n'y a pas lieu non plus, suivant nous, d'examiner si le bien était ou non commodément partageable en nature. Toullier a cependant soutenu la doctrine contraire (1).

Cette théorie, qui a rencontré peu de partisans, s'appuie sur le texte de l'art. 827, ainsi conçu : « Si les immeubles ne peuvent pas se partager commodément, il doit être procédé à la vente devant le tribunal. » Cet article, suivant nous, indique simplement la manière de procéder quand le partage en nature est difficile, mais n'a pas pour but de subordonner le caractère déclaratif de la licitation à une condition de nécessité. D'ailleurs, la question se trouve formellement tranchée par l'art. 1686 : « ..... ou si dans un partage fait de gré à gré de biens communs, y est-il dit, il s'en trouve quelqu'un qu'aucun des copartageants *ne puisse ou ne veuille prendre*..... » (2).

La licitation conserve toujours son caractère déclaratif, que les étrangers y aient été ou non admis. C'est la doctrine de l'ancien droit, doctrine acceptée presque en même temps que le principe de l'effet déclaratif pour la licitation. Après avoir fait admettre ce principe, Dumoulin, on le sait, n'osa pas pousser tout d'abord jusqu'au bout les

---

(1) Toullier, t. IV, n° 563.

(2) Cette opinion était déjà admise dans l'ancien droit. « Il suffit, dit Guyot (*Inst. féod.*, *De la licit.*, p. 216), que les colicitants trouvent de l'incommodité à partager pour pouvoir liciter sans crainte de droits seigneuriaux : *Quando res non potest commode dividi, vel non placet ut dividatur.* »

conséquences de son innovation, et, restreignit l'application de la règle, au cas où les cohéritiers seuls avaient été admis à surenchérir. Plus hardi dans la suite, il ne distingua plus entre les deux cas.

Une doctrine toute contraire a été soutenue de nos jours. On a prétendu restreindre l'effet déclaratif de la licitation au cas où les étrangers y auraient été admis. Cette théorie, qui ne peut s'appuyer sur aucun argument sérieux, étant généralement abandonnée, nous n'insistons pas davantage.

Une autre question plus importante est la suivante : N'y a-t-il pas lieu de distinguer, suivant que l'adjudicataire est un cohéritier ou un étranger? Cette question donne lieu à une controverse entre les interprètes. Nous pensons qu'il faut distinguer, et que le caractère de l'opération changera suivant la qualité de l'adjudicataire. Est-ce un des cohéritiers? ce sera un partage. Est-ce un étranger? ce sera une vente, c'est-à-dire un acte translatif, en dehors par conséquent des termes de l'art. 883 (1). Cet art. 883 nous semble, en effet, formel : « Chaque héritier est censé avoir succédé seul aux objets compris dans son lot, *ou à lui échus* sur licitation. » Le texte ne s'applique donc manifestement qu'aux cohéritiers. L'opinion contraire a rencontré de nombreux partisans, et des auteurs des

(1) Voyez, en ce sens, M. Demolombe, *Traité des success.*, t. V, n° 272 ; Aubry et Rau, t. V, § 625 ; Caen, 25 février 1837. — En sens contraire, M. Valette, à son cours ; Mourlon, t. II, n° 483.

plus considérables .lui ont prêté l'appui de leur autorité et de leur savoir. Il ne faut pas, dit-on, se préoccuper seulement du texte de la loi, il faut aussi en bien comprendre l'esprit. Le but que se propose la loi dans l'art. 883, c'est d'assurer la tranquillité des familles en assurant la stabilité des partages. Or, si l'adjudication consentie à un étranger devait avoir un effet translatif, qu'arriverait-il? L'adjudicataire évincé recourrait contre ses vendeurs, c'est-à-dire contre les cohéritiers, qui, à leur tour, exerceraient un recours contre celui d'entre eux, du chef duquel le bien licité aurait été grevé durant l'indivision. De là une série d'actions et de recours entre cohéritiers; de là le trouble dans la famille, ce que le législateur a eu précisément en vue d'éviter en écrivant l'art. 883.

Cette doctrine nous semble inadmissible ; certes il est permis d'interpréter le texte de la loi et de lui donner telle ou telle signification qu'il plaira, en s'inspirant de l'esprit qui a présidé à sa rédaction, quand ce texte n'est pas suffisamment clair, et que les expressions employées par le législateur ne révèlent pas nettement sa pensée. Mais, ce que nous ne saurions admettre, c'est que, sous un prétexte d'interprétation, on puisse violer aussi ouvertement une disposition formelle du Çode. Et même en abandonnant l'argument du texte, en nous plaçant sur le même terrain que nos adversaires, leur opinion ne nous semble pas plus soutenable. On argumente de l'esprit de la loi? Mais cet esprit, en l'étudiant dans nos anciens auteurs, et dans les sources d'où on a tiré la règle de l'art. 883, vient précisément corroborer notre solution. L'article 80 de la Coutume de Paris distinguait soigneusement le cas où c'était un étranger qui se portait adjudicataire et celui où c'était un des colicitants, et la jurisprudence consacrait cette doctrine professée par tous nos anciens auteurs sans distinction.

Donc, d'une part, le texte de la loi, d'autre part, son esprit et la jurisprudence constante de l'ancien droit, militent en faveur de notre thèse. Que reste-t-il donc à dire pour l'opinion contraire? Prendra-t-on au sérieux l'argument tiré des inconvénients de notre système, cet argument nous toucherait peu. Nous n'avons pas, en effet, à rechercher si la loi est bonne ou mauvaise, il ne nous appartient pas de la critiquer, nous n'avons qu'un but, interpréter et expliquer ses dispositions. Et, d'ailleurs, ces inconvénients sont-ils si grands qu'on le prétend? De deux choses l'une, en effet, ou les actes constitutifs de droits réels auront été transcrits, ou ils ne l'auront pas été. Dans ce premier cas, l'adjudicataire prévenu par la transcription payera son prix en conséquence. Il est vrai, que dans ce cas, il y aura lieu à recours entre cohéritiers, mais on n'évite cet inconvénient dans le système opposé qu'en sacrifiant les droits fort légitimes des tiers qui ont acquis des droits réels durant l'indivision; dans le second, en faisant transcrire lui-même son titre, il se mettra à l'abri de toute éviction et de tout danger.

Cette donnée étant admise nous en conclurons, que la licitation constituera toujours une vente alors même que ce serait un héritier qui se serait porté adjudicataire, pourvu qu'il ait fait déclaration de command au profit d'un tiers (1). En sens inverse, **si** c'est un tiers qui s'est porté adjudicataire et a fait déclaration de command au profit d'un héritier, l'opération constituera un partage.

Du caractère translatif de la licitation dans notre hypothèse, nous conclurons également que, comme une vente ordinaire, elle laissera subsister intacts les droits réels consentis sur l'immeuble licité, pendant l'indivision. Les créanciers hypothécaires pourront donc, en vertu de leur droit de suite, faire sommation à l'adjudicataire de délaisser ou de payer et surenchérir en cas de purge.

La doctrine contraire, soutenue par M. Demolombe, nous semble inadmissible (2). Cette doctrine s'appuie sur un texte du Code et sur des considérations d'équité. Le texte, c'est l'art. 882 qui donne aux créanciers le droit d'intervenir au partage et de s'opposer à ce qu'il y soit procédé hors de leur présence. Donc de deux choses l'une: ou ils sont intervenus au partage et ont pris

(1) Caen, 25 février 1837.
(2) Demolombe, loc. cit., n° 274.

toutes les mesures nécessaires pour que le bien fût vendu à son juste prix ; ou ils n'y sont pas intervenus et alors qu'ils s'en prennent à eux seuls de leur négligence, si la vente n'a pas donné le prix qu'ils comptaient en retirer.

Les considérations d'équité sont les suivantes : d'une part, il serait injuste que tous les cohéritiers souffrissent de cette circonstance qu'un d'entre eux a des créanciers personnels à hypothèque générale, et ils en souffriraient puisque, en cas de sommation ou de surenchère, l'adjudicataire aurait recours sur eux. « Et qui n'aperçoit, dit en ter-« minant l'éminent jurisconsulte, tout ce que la « doctrine contraire apporterait de trouble et de « désordre dans les effets du partage, et combien « d'actions rescisoires elle ne manquerait pas « d'engendrer! »

A cette double argumentation nous répondrons d'abord que l'art. 882 n'a pas la portée qu'on prétend lui donner. Certes, il ne faut pas que les tiers soient victimes de la fraude des cohéritiers et voilà pourquoi la loi accorde à tous les créanciers le droit d'intervenir au partage. Mais ce n'est pas tout, ils sont, en outre, créanciers hypothécaires ayant un droit réel dans l'immeuble licité, et, à ce titre, ils peuvent encore faire la sommation de l'art. 2169 ou surenchérir en cas de purge.

Quant aux arguments tirés de l'équité, nous répondrons que ces considérations ne feront jamais admettre par personne que la licitation ait

pour effet de purger par elle-même les hypothèques, que l'adjudicataire est un acheteur ordinaire, soumis comme tel à l'accomplissement des
formalités ordinaires de la purge; qu'enfin, pour
admettre la doctrine de M. Demolombe, il nous
faudrait un texte plus précis que l'art. 882 et que
ce texte fait complétement défaut. Cette doctrine,
il est vrai, donne lieu à recours entre cohéritiers,
mais ces recours M. Demolombe doit les accepter
comme nous, presque comme nous, il admet que
l'adjudication consentie au profit d'un étranger,
n'a pas le caractère d'un partage.

Quant aux rapports entre l'adjudicataire et les
tiers, nous considérons chacun des cohéritiers
comme ayant vendu sa part héréditaire; les créanciers de chacun d'eux pourront par conséquent
exercer leurs priviléges et hypothèques jusqu'à
concurrence des droits de leur débiteur, de quelque façon d'ailleurs que soit partagé plus tard le
prix de licitation, sauf toutefois clause contraire
insérée au cahier des charges.

Reste maintenant un point important à examiner; nous avons vu tout l'intérêt qu'il y a à distinguer entre le cas où c'est un des cohéritiers qui se
porte adjudicataire et celui où c'est un étranger.
Dans quelle catégorie rangerons-nous l'héritier
qui aurait accepté bénéficiairement? Cette question est controversée; l'effet du bénéfice d'inventaire, a-t-on dit, étant d'empêcher la confusion
entre les biens de l'héritier et ceux du *de cujus*,

par rapport au patrimoine du défunt, l'héritier bénéficiaire est un étranger et doit être traité comme tel au point de vue de la licitation. Ce système ne nous semble pas bon : le bénéfice d'inventaire n'est, en effet, *qu'une modalité de l'acceptation*, ayant pour but de dispenser l'héritier de payer les dettes *ultra vires*. De plus, nous n'admettons pas, malgré l'avis contraire de la jurisprudence (1) que l'acceptation bénéficiaire crée une véritable séparation des patrimoines constituant un droit acquis aux créanciers héréditaires. Le bénéfice d'inventaire dans la pensée de la loi est établi dans l'intérêt de l'héritier ; sans doute il peut en résulter des avantages pour les créanciers, seulement ces avantages ne constituent pas pour eux un droit propre, mais simplement une conséquence de la décision de l'héritier, sa décision changeant, les conséquences changent. S'il en est ainsi, si l'héritier peut renoncer au bénéfice d'inventaire pour revenir à l'acceptation pure et simple, est-il juste de l'assimiler à un étranger ? Et comment admettre cette assimilation en présence de la disposition de la loi qui accorde à l'héritier bénéficiaire ce qui reste de la succession une fois la liquidation faite, et l'excédant de l'actif sur les dettes quand la succession est solvable ? D'ailleurs l'art. 883 ne distingue pas entre l'héritier pur et simple et celui qui a accepté sous bénéfice d'in-

______

(1) Cass., 27 mai 1835.

ventaire. Nous ne distinguerons donc pas non plus et nous dirons, au point de vue qui nous occupe, que l'héritier acceptant sous bénéfice d'inventaire est un véritable héritier (1).

Remarquons, en terminant, que, pour que l'article 883 ait son effet, il n'est pas nécessaire que le partage ou la licitation s'applique à tous les biens compris dans la succession. Cette opinion est généralement admise, l'art. 883 s'applique d'après ses termes mêmes à la licitation comme au partage; or, on le sait, la licitation s'applique le plus souvent à un seul des biens de la succession dont le partage en nature est impossible ou difficile. En sens contraire, nous admettrons que l'art. 883 s'appliquera lorsqu'on aura rassemblé dans un même tout, les biens composant plusieurs successions pour les partager ensemble.

IV. *Des autres actes auxquels s'applique l'article* 883. — L'art. 883 ne doit pas être restreint dans son application aux actes dont nous venons de nous occuper. Du moment que l'acte a pour effet de mettre fin à l'indivision entre tous les cohéritiers, notre article est applicable, quelle que soit d'ailleurs la dénomination que les parties aient donnée à cet acte.

Ici nous distinguerons soigneusement, avec la majorité des auteurs et la jurisprudence, suivant

(1) Cass., 12 août 1839.

que l'acte est à titre onéreux ou à titre gratuit. Dans le premier cas, nous pensons que le principe de l'art. 883 doit s'appliquer. Ceci nous semble ressortir avec évidence de l'art. 888 ainsi conçu : « L'action en rescision est admise *contre tout acte qui a pour objet de faire cesser l'indivision entre cohéritiers, encore qu'il fût qualifié de vente, d'échange ou de transaction ou de toute autre manière.* » Du reste, pourquoi distinguer entre une vente à l'amiable d'un bien compris dans la succession par tous les cohéritiers à l'un d'eux, et la licitation? Le motif de cette distinction ne nous apparaît pas. C'était du reste un principe admis dans l'ancien droit, et de nos jours la jurisprudence constante de la Cour suprême l'a consacré. Par suite, nous considérons comme un partage, l'acte par lequel les cohéritiers vendent à l'un d'eux leurs droits à la succession, et ce, alors même que la cession aurait été faite aux risques et périls du cessionnaire. Cette doctrine a cependant rencontré des contradicteurs ; on a objecté qu'il était difficile de reconnaître le caractère de partage à un acte qui, en définitive, attribue tous les biens de la succession à un seul héritier, ne donnant aux autres qu'une somme d'argent; de plus, on a fait remarquer que les art. 2103 et 2109 qui traitent du privilége des copartageants, ne s'appliquent qu'à la garantie, aux soultes et retours de lots, aux prix de la licitation, et nullement aux prix de la cession faite par les cohéritiers dans notre hypothèse (1). Enfin, on argumente en se fondant sur l'art 889 qui décide que l'action en rescision n'est pas admise contre une vente de droits successifs faite sans fraude à l'un des cohéritiers, à ses risques et périls, par ses autres cohéritiers ou par l'un d'eux. Donc, dit-on, cette cession n'est pas un partage et ce qui achève de le prouver, c'est que le cédant n'est pas tenu de la garantie, ce qui est contraire à l'égalité qui doit toujours dominer dans le partage.

Reprenons cette argumentation en détail et nous y répondrons facilement. D'abord pourquoi s'étonner de ce que la cession consentie dans notre hypothèse aboutisse à donner à un des héritiers la succession tout entière et une somme d'argent aux autres? N'en est-il pas ainsi, dans la licitation? Et cependant, malgré ce résultat, l'art. 883 assimile formellement la licitation au partage. L'argument tiré des art. 2103 et 2109 sur lequel s'appuie l'arrêt de la Cour de Toulouse cité ci-dessus ne nous semble pas mieux fondé. Le privilége *s'applique aux prix de licitation;* or, s'il en est ainsi, pourquoi ne s'appliquerait-il pas également à la cession des droits successifs, puisque, nous l'avons vu, cette opération et la licitation ont exactement le même effet? Reste enfin l'objection tirée de l'art. 889 et sur ce point encore la réponse nous semble facile. La loi, dans l'hypo-

(1) Toulouse, 14 décembre 1870.

thèse d'une cession de droits successifs consentie par tous les cohéritiers à l'un d'entre eux, aux risques et périls de ce dernier, refuse l'action en rescision pour cause de lésion, mais de là il nous semble impossible de tirer aucune conclusion contraire à la thèse que nous soutenons, et la pensée de la loi s'explique naturellement. La cession, dans ces circonstances, est forcément un acte aléatoire et c'est un principe admis par tous, que ces sortes d'actes ne sont jamais rescindables pour cause de lésion ; ce caractère aléatoire explique également pourquoi le cédant n'est pas tenu à garantie.

Ajoutons à l'appui de notre théorie qu'elle est conforme de tous points à la théorie généralement admise dans l'ancien droit. Pothier la formule en termes exprès, c'était également l'opinion de Bourjon et la jurisprudence constante du Châtelet de Paris l'avait consacrée (1).

La cession de droits successifs consentie par tous les cohéritiers à l'un d'eux est donc un partage lors même que l'opération aurait été faite aux risques et périls du cessionnaire. Nous pensons cependant que les copartageants pourront toujours déroger à cette règle par une disposition contraire et que quand ils se seront suffisamment expliqués sur ce point, leur volonté devra être respectée conformément au principe de l'art. 1134.

Nous nous sommes placé jusqu'ici dans l'hy-

---

(1) Voy. sur ce point Pothier, *Success.* chap. IV, art. 6.

pothèse *d'une cession d'une vente* consentie par tous les cohéritiers à l'un d'entre eux moyennant *un prix*. De cette hypothèse nous devrons rapprocher celle où un des cohéritiers a acquis la totalité des biens héréditaires en donnant aux autres des biens lui appartenant en propre. Cette opération peut être en effet considérée comme un partage avec soulte, seulement ici la soulte ne consiste pas en argent. Mais qu'importe? « Quoi-« que la soulte s'acquitte d'ordinaire en rente ou « en argent, dit M. Demolombe, nous ne voyons « pas ce qui s'opposerait à ce qu'elle fût acquittée « de toute autre manière, par exemple au moyen « de *tout autre bien corporel, meuble ou immeu-*« *ble, que le cohéritier débiteur de l'immeuble* « *transmettrait à ses cohéritiers (1).* »

Le principe déclaratif de l'art. 883 doit donc s'appliquer aux actes à titre onéreux qui font cesser l'indivision entre tous les cohéritiers. Quant aux actes à titre gratuit, notre article ne saurait s'y appliquer. C'est ce qui découle naturellement de notre manière d'envisager le partage. Le partage, nous l'avons dit plus haut, est, quant au fond des choses un échange, c'est-à-dire un acte essentiellement à titre onéreux. Il ne peut donc avoir aucune analogie avec la donation qui attribue gratuitement à un cohéritier la part de son cohéritier, donnant tout à l'un, ne donnant rien à l'autre.

(1) Demol., *op. citat.*, n° 270.

Jusqu'à présent, nous avons supposé que l'acte faisait cesser l'indivision entre tous les cohéritiers, mais il peut en être autrement, et l'indivision peut cesser seulement, à l'égard d'un ou de quelques-uns des cohéritiers. Quel est, dans ce cas, le caractère de l'acte? Est-ce un partage? Est-ce un acte translatif? La question est controversée.

Tout d'abord mettons de côté le cas où les cohéritiers auraient fait cesser l'indivision à l'égard de l'un d'eux, en lui attribuant pour sa part et portion tel ou tel bien déterminé. Cet acte, pour nous, constitue une opération du partage, et pas autre chose. L'indivision cesse pour tous à l'égard du bien ainsi attribué, et de plus, nous avons admis plus haut que pour qu'un acte ait le caractère du partage, il n'est pas nécessaire qu'il s'applique à l'ensemble des biens de la succession.

La question se pose dans deux hypothèses : 1° Un cohéritier cède à un ou à plusieurs de ses cohéritiers, ou à tous, ses droits successifs. 2° Plusieurs cohéritiers se rendent adjudicataires des biens de la succession.

On a soutenu d'abord qu'il ne fallait pas distinguer entre ces deux hypothèses, et celle où l'indivision cessait complétement entre tous les cohéritiers. On invoque l'autorité de l'ancien droit. Pothier dit en effet : « Pour qu'une vente « que l'un des cohéritiers fait de sa part soit un « partage, il n'est pas nécessaire qu'elle dissolve

« toute la communauté, il suffit qu'elle la dis-
« solve entre eux deux; par exemple, si l'un des
« quatre héritiers vend à un autre sa portion,
« quoique celui qui l'acquiert demeure en com-
« munauté avec les deux autres, ces actes n'en
« tiennent pas moins lieu de partage, car il suffit
« qu'ils dissolvent la communauté avec celui qui
« a vendu sa portion (1). »

Le Code, ajoute-t-on, a suivi cette jurisprudence constante de l'ancien droit, l'art. 888 en est
la preuve, car il traite comme partage tout acte
ayant pour but de faire cesser l'indivision, sans
exiger que l'indivision cesse entre tous les cohéritiers. Et d'ailleurs, rien de plus logique et de
plus juste, ces actes ne sont en effet que des actes
préparatoires au partage; ils font pour ainsi dire
partie du partage lui-même, pourquoi ne partici-
peraient-ils pas à sa nature?

Cette doctrine a été vivement attaquée. Le principe de l'art. 883, a-t-on dit, est une fiction qui
doit se restreindre au cas prévu : *fictio ultra
casum fictum non operatur;* le cas prévu, c'est le
partage; c'est l'opération qui a pour but de faire
cesser l'indivision entre tous (2). Quant à l'argument déduit de l'art. 888, on y répond ainsi :
L'art. 883 s'occupe des rapports non-seulement
des cohéritiers entre eux, mais encore des cohéri-

(1) Pothier, *Des fiefs*, part. I, ch. V, § 3.

(2) Cass. 16 janvier 1827. — 18 mars et 24 août 1829. — 27 décembre 1830. — 6 mai 1844.

tiers et des tiers, et la règle qu'il pose ne doit s'appliquer qu'à un véritable partage. Tout autre est le but de l'art. 888; il règle seulement les rapports des cohéritiers entre eux, et seulement au point de vue de l'action en rescision pour cause de lésion. L'hypothèse prévue n'est donc pas la même dans les deux articles et l'on comprend parfaitement que, dans le second cas, le législateur, dans un but d'équité, ait traité comme partages des actes qui n'en sont pas réellement. Dans le premier cas, ajoute-t-on, la règle que pose l'art. 883 est fort dure pour les tiers qui peuvent se trouver trompés dans leurs plus légitimes espérances par l'évanouissement des charges et hypothèques consenties pendant l'indivision, il faut donc se garder de sortir des termes mêmes dans lesquels est conçue la règle; or, l'art 883 est formel : le principe déclaratif ne s'applique que quand l'indivision cesse à l'égard de chaque cohéritier. Ce qui le prouve, dit-on, c'est la connexité qui existe entre les deux parties de l'art. 883. Quand la loi nous dit que chaque cohéritier est censé n'avoir jamais eu la propriété des choses tombées aux lots de ses copartageants, cette idée n'est qu'une conséquence de cette autre idée précédemment émise, que chacun des autres cohéritiers en a la propriété exclusive. Or, cette idée première ne pouvant se réaliser puisque l'indivision dure encore entre les autres cohéritiers, il est impossible d'arriver à la conséquence qu'on veut en tirer et à l'application de l'art. 883 (1).

Cette seconde opinion conduit à décider que le Code s'est écarté de la doctrine professée par nos anciens auteurs et que l'art. 883 ne s'appliquera pas :

1° A l'acte par lequel un des cohéritiers céderaient soit à plusieurs de ses cohéritiers soit à tous, tous ses droits successifs;

2° A la licitation dans laquelle plusieurs cohéritiers se seraient rendus adjudicataires et auraient acquis en commun.

Cette doctrine nous semble trop absolue et quels que soient les arguments qu'elle invoque, nous pensons qu'il est impossible de se prononcer *à priori* sur le caractère de l'acte qui ne fait cesser l'indivision que d'une façon incomplète entre les cohéritiers. Dans le dernier système que nous venons d'exposer, on avait eu à se demander quel serait l'effet de l'acte qui, par la suite, mettrait fin définitivement à l'indivision, quant aux parts et portions de droits successifs, qui auraient fait l'objet des cessions intermédiaires. Cet acte serait-il déclaratif ou translatif? Un arrêt de la Cour suprême décida que, dans tous les cas, cet acte devait être translatif, et par conséquent rejeta la fiction de l'art. 883 (arrêt précité du 6 mai 1844). Cette doctrine était évidemment fausse, et on ne saurait

(1) Marcadé, t. III, n° 416. Duranton, XX, 223. Aubry et Rau, t. 5, p. 266.

comprendre qu'un cohéritier qui, en dernier lieu, reste seul et unique propriétaire des biens héréditaires et qui aurait pu opposer aux ayants-cause de ses cohéritiers l'art. 883, si ceux-ci étaient restés dans l'indivision avec lui jusqu'au jour du partage, soit privé de ce bénéfice par cela seul qu'il leur a plu d'aliéner leurs parts héréditaires. Aussi la Cour de cassation, rompant avec sa jurisprudence antérieure décida, le 29 mars 1854, que si les parts héréditaires, objets des transports et cessions, étaient attribuées par l'acte qui mettrait fin définitivement à l'indivision, à un héritier nanti seulement de sa part héréditaire, cet acte constituerait un partage.

Cette décision ne doit pas être restreinte à l'hypothèse qu'elle prévoit, mais doit s'appliquer dans tous les cas où, en dernier lieu, les biens héréditaires sont attribués à un héritier cessionnaire ou non. Dans ce cas, l'acte qui mettra fin à l'indivision, sera évidemment un partage, car il suffit pour cela qu'il fasse cesser l'indivision entre tous les héritiers, lors même que ceux-ci n'auraient pas un titre commun, et alors les cessions intermédiaires seront considérées comme actes préparatoires au partage participant à sa nature. Si, au contraire, c'est à un étranger que les biens reviennent en dernier lieu, ici bien évidemment il ne saurait être question de partage, ni d'actes préparatoires au partage et les cessions conserveront leur caractère translatif,

Cette théorie contenue en germe dans l'arrêt de la Cour de cassation du 29 mars 1854, a été développée avec un rare talent par notre savant maître M. Labbé (1).

Le caractère de l'acte qui fait incomplétement cesser l'indivision sera incertain jusqu'au jour où l'indivision aura complétement cessé. A cette époque, on considèrera quel est le caractère du dernier acte et si c'est un partage, les cessions auront la même nature.

Jusque-là, cependant, ces cessions seront considérées comme des actes translatifs soumis par conséquent aux droits de mutation et à l'action en résolution pour défaut de paiement du prix. « En effet, dit M. Labbé, c'était un acheminement au partage, mais le but n'était pas atteint, et la loi ne protége que le partage accompli, que la propriété complétement dégagée du réseau de l'indivision. »

Si l'indivision cessait par une licitation au profit d'un cohéritier et d'un tiers, adjudicataires en commun, cet acte ne constituerait pas un partage, l'art. 883 ne s'occupant que du cas où la licitation a lieu au profit d'un des cohéritiers.

Le Tribunal de Nevers a fait application de cette doctrine dans un jugement du 28 août 1877 (Journal *le Droit*, 5 octobre 1877) (2).

---

(1) Sous un arrêt de la Cour de cassation du 8 mars 1875. *Journal du Palais*, an 1875, p. 1150.

(2) Consultez sur ce point Laurent, *Principes de droit civil*, n° 418 et suiv., t. 10

CHAPITRE III

DES OBJETS AUXQUELS S'APPLIQUE L'ART. 883

Jusqu'à présent, dans les différents cas d'application de l'art. 883, nous nous sommes placé dans l'hypothèse d'une succession comprenant des objets corporels mobiliers ou immobiliers. Faut-il appliquer également le principe déclaratif aux créances? Ainsi, deux héritiers viennent à une succession qui comprend une créance de 10000 francs; on la met dans le lot de l'un d'eux, ce procédé est indiqué par l'art. 832, est-il simplement déclaratif?

Pour les créances, l'art. 1220, reproduisant la théorie du droit romain, pose cette règle, que les créances se divisent de plein droit entre les héritiers, dans la proportion de leur part héréditaire. Il semble donc que, dans ce cas, il n'y ait point indivision et par conséquent que le partage soit impossible. De là par conséquent un conflit entre les art. 1220, 883 et 832.

Les opinions sur ce point sont très-divergentes, et quatre systèmes opposés sont en présence. Nous allons les examiner successivement.

On a soutenu d'abord que l'art. 883 s'applique à notre hypothèse comme aux autres cas. Cette opinion se fonde sur l'art. 832 qui comprend les créances dans la formation des lots, et sur l'art.

883 qui applique le principe déclaratif à tous *les effets* compris dans chaque lot. Ces deux articles, dit-on, sont formels et, en les réunissant, on arrive à la solution vraie. La terminologie du Code ne peut, du reste, laisser aucune place au doute et le mot *effets* dont il se sert dans l'art. 883, mot qui s'applique également aux créances et aux objets corporels montre bien quelle est sa pensée. Quant à l'art. 1220, son effet est tout à fait provisoire, il est subordonné à la condition d'un partage postérieur et définitif auquel s'appliquera l'effet déclaratif de l'art. 883.

A ce système on en oppose un autre diamétralement contraire. Les créances, dit-on, ont été divisées par la loi elle-même et, quant à elles, l'indivision n'existe plus. Donc, il ne peut, pour elles, être question de partage et l'opération de l'art. 832 qui consiste à les attribuer également aux différents lots, les réunit, loin de les partager et contient en réalité un ensemble de cessions.

Quant à l'art. 832, on l'explique ainsi. En droit romain, les créances se trouvaient de plein droit partagées comme de nos jours, entre les cohéritiers par le seul effet de la loi et cependant elles étaient comprises dans le partage et le juge pouvait les attribuer à tel ou tel cohéritier (1) qui les exerçait *partim proprio nomine, partim procuratorio nomine.* On objecte, il est vrai, qu'en droit romain

---

(1) Gaius, L. 3., *Fam. ercisc.*, Dig.

le partage était translatif, mais l'ancien droit français, qui admettait le principe déclaratif de l'art. 883 suivait cependant la même règle.

De plus, ajoute-t-on, cet art. 832 n'a pas la portée qu'on prétend lui donner. Il contient un simple vœu : il veut que les lots de chaque cohéritier soient composés autant que possible de biens de même nature et, s'il parle d'une attribution de créances, c'est en vue d'une hypothèse qui peut se présenter quand les biens ne peuvent se partager sans morcellement. Dans ce cas, en effet, on sait que les copartageants craignant la dépréciation que le morcellement pourrait apporter aux différents domaines dont se compose la succession, attribuent le plus souvent chacun d'eux dans son ensemble aux différents lots, compensant l'inégalité résultant de ce mode de procéder, par une attribution plus forte des créances de la succession aux lots plus faibles, ou en chargeant le lot plus fort d'une plus grande quantité de dettes héréditaires. L'art. 832 donne donc un conseil sur la manière de partager les biens de la succession, mais il est complétement étranger aux effets du partage.

Ces deux premières opinions extrêmes étant exposées, il nous semble bon de déduire immédiatement les conséquences auxquelles elles conduisent et de nous rendre compte, avant d'aller plus loin, de l'intérêt qu'il y a à s'attacher à l'une ou à l'autre. Ces conséquences sont les suivantes :

1° Si, avant le partage, un débiteur paye un des

cohéritiers dans la mesure de sa part héréditaire,
ce payement est bien fait dans la deuxième opinion, et le débiteur est à l'abri de tout recours.
Dans la première, au contraire, tout restera en
suspens jusqu'au partage qui, seul, déterminera
à qui appartiendra la créance, le débiteur, jusqu'à
cette époque, devra se garder de payer ;

2° Dans la première opinion, s'il se produit des
causes de compensation entre un des cohéritiers
et le débiteur, il faut que le partage ait mis la
créance dans le lot de ce cohéritier pour que la
dette soit éteinte. D'après la seconde opinion, au
contraire, dès que la cause de compensation se
produit, la dette est éteinte jusqu'à concurrence
de la part héréditaire du cohéritier ;

3° La cession de sa part héréditaire par un des
cohéritiers, antérieurement au partage, est nulle
d'après le premier système si, dans la suite, la
créance est attribuée à un autre, et valable dans
le second, pourvu, bien entendu, que les formalités de l'art. 1690 aient été observées ;

4° Dans la première opinion, la saisie-arrêt faite
par un créancier personnel d'un des cohéritiers
avant le partage est nulle si la créance n'échoit pas
à son lot ; elle est valable, au contraire, d'après la
seconde opinion, jusqu'à concurrence de sa part
héréditaire ;

5° Enfin, pour les partisans de la seconde théorie,
l'opération étant une cession et non un partage, ne sera opposable aux tiers qu'après l'ac-

complissement des formalités prescrites par l'article 1690. Naturellement, cette nécessité n'existe pas dans la doctrine contraire.

Entre ces deux opinions on en a proposé une troisième, opinion intermédiaire, qui s'efforce de concilier les textes; chacun des deux systèmes, dit-on dans cette théorie, a le tort de sacrifier un texte : le premier, l'art. 1220; le second, les articles 832, 883. Il importe cependant que chacun de ces articles soit appliqué, et on arrive à ce résultat en les combinant. Tant que le partage ne sera pas effectué, on s'en tiendra à l'art. 1220, après le partage on appliquera l'art. 883, en respectant toutefois les droits acquis aux tiers durant l'indivision. De là suit que, jusqu'au jour du partage, l'héritier pourra disposer de la part de la créance que lui donne l'art. 1220, et que toutes les conséquences ci-dessus énumérées auxquelles conduit la seconde opinion, sont également vraies dans notre système, sauf la cinquième. Le partage une fois effectué, l'art. 883 reprend son empire, et le principe déclaratif s'appliquera, mais sans rétroactivité. En effet, l'art. 832 ordonne de comprendre les créances dans le partage, et l'article 883 s'applique à tous les effets que le partage comprend. De là, le partage étant effectué, découlent les conséquences suivantes : 1° si le débiteur fait un payement partiel entre les mains d'un autre que le loti, ce payement est nul, sauf la disposition de l'art. 1240; 2° si des causes de compensation se produisent, la dette ne s'éteint qu'autant que le débiteur devient créancier de celui à qui la créance a été attribuée; 3° si l'un des cohéritiers cède sa part dans une créance héréditaire et si le partage, arrivant avant l'accomplissement des formalités de l'art. 1690, met la créance entière au lot d'un autre. La cession n'est pas valable à l'égard de celui-ci : 4° si un créancier personnel de l'un des héritiers a fait une saisie-arrêt jusqu'à concurrence de la part de celui-ci dans une créance héréditaire, cette saisie-arrêt ne sera valable à l'égard de celui à qui la créance aura été attribuée qu'autant que le jugement qui la déclare valable aura été prononcé avant le partage; 5° l'opération étant ici un partage et non une cession, n'a pas besoin pour être opposable aux tiers de leur être signifié (1).

Chacun de ces trois systèmes a été adopté et développé par des auteurs des plus considérables; néanmoins, quelles que soient les puissantes autorités sur lesquelles ils s'appuient, nous leur préférons une autre opinion enseignée par M. Demante (2).

Avant d'exposer ce quatrième système, que nous croyons le bon, indiquons sommairement les raisons qui nous font repousser les trois précédents.

---

(1) Voy. sur cette opinion, M. Demol., *op. citat.*, nᵒˢ **294** et suiv.
(2) *Cours analyt.*, art. 883, n° 225 *bis*, VII.

Quant aux deux opinions extrêmes que nous avons exposées en premier, elles ont le tort considérable, à nos yeux, de sacrifier chacune une disposition formelle du Code. La première, qui applique l'art. 883 aux créances, réduit à néant l'art. 1220, dont on ne comprend plus ni le sens ni l'utilité, s'il a pour but de créer une division provisoire devant s'effacer rétroactivement et pour toujours à l'égard de tous, aussitôt le partage effectué. La seconde opinion nous semble également inacceptable, quand elle prétend réduire à l'état de lettre morte l'art. 832, qui dit formellement *qu'il convient* de faire entrer des créances dans chaque lot, et ne tenir aucun compte de l'art. 883, qui s'applique à tous les effets de la succession, c'est-à-dire aussi bien aux créances qu'aux objets corporels et qui doit s'y appliquer en effet, étantd onnée l'idée qui a présidé à sa rédaction. Le but que se propose le législateur, c'est en effet de maintenir l'égalité entre les cohéritiers ; si un d'entre eux ne fait pas à la masse le rapport dont il est tenu, ses cohéritiers ont le droit d'exercer sur la masse des prélèvements qui doivent les indemniser. Il ne faut pas, par conséquent, que l'un des cohéritiers puisse rendre ce droit inutile en grevant sa part héréditaire de droits réels qui survivraient au partage. De là, par conséquent, le principe de l'art. 883, et comme les prélèvements s'appliquent aussi bien aux créances qu'aux objets corporels, nous ne voyons pas pourquoi la loi ferait, à ce point de vue, une distinction.

Reste le système mixte proposé par M. Demolombe, qui parvient bien à concilier des textes, mais qui contient des contradictions que nous ne saurions admettre. Comment, en effet, comprendre que les créances puissent faire l'objet d'un partage, si, par l'art. 1220, elles ont été divisée de plein droit? Comment admettre, en outre, que le partage puisse être à la fois déclaratif et non rétroactif? (Voyez sur ce point M. Bertauld, *Quest. prat.*, t. I, p. 250.)

Pour nous, nous pensons que c'est ailleurs qu'il faut chercher la véritable pensée du législateur, et dans un autre ordre d'idées qu'il faut trouver la conciliation des textes en apparence opposés. Il faut distinguer entre les personnes à l'égard desquelles se pose la question. S'agit-il d'un débiteur qui a payé ou qui se trouve dans le cas d'invoquer la compensation? L'art. 1220 est la règle, car, du jour du décès, la dette se divise entre les cohéritiers (art. 1220). Dès ce jour, le débiteur est tenu de payer à chacun sa part héréditaire; si une libération ou une compensation partielle a eu lieu, cela doit être définitif. La loi ne peut pas, en effet, imposer au débiteur l'obligation de payer une partie déterminée de la dette, et déclarer ensuite le payement nul ou valable, suivant l'éventualité du partage. Sa situation doit être fixe et indépendante des événements postérieurs (*arg. d'anal.*, art. 1240).

Si le débiteur se trouve hors de cause et que la question s'agite entre un cohéritier et les tiers qui, par exemple, ont acquis avant partage la part d'un cohéritier ou ont formé une saisie-arrêt, il faut appliquer l'art. 883. La loi met en effet les créances dans le partage (art. 832), et elle a pu les y mettre avec un effet rétroactif pour effacer à leur égard tous les effets des actes passés antérieurement au partage, comme elle l'a fait pour la co-propriété.

L'opération, selon nous, est donc à double face ; par rapport au débiteur, c'est une cession soumise aux formalités de l'art. 1690 ; par rapport aux tiers, c'est un partage.

La loi du 10 décembre 1874 a apporté au principe déclaratif de l'art. 883 une grave exception.

Elle décide que, « dans tous les cas de copro-« priété de navires, autres que ceux qui résultent « d'une succession ou de la dissolution d'une com-« munauté conjugale, par dérogation à l'art. 883 « du Code civil, les hypothèques consenties du-« rant l'indivision par un ou plusieurs des copro-« priétaires sur une portion du navire continuent « à subsister après le partage ou la licitation.

« Toutefois, si la licitation s'est faite en justice « dans les formes déterminées par les art. 201 et « suivants du Code de commerce, le droit des « créanciers n'ayant hypothèque que sur une

« partie du navire sera limité au droit de préfé-
« rence sur la partie du prix afférente à l'intérêt
« hypothéqué. »

L'art. 18 déroge au principe de l'effet déclaratif
par suite de considérations particulières. En effet,
la propriété d'un navire est presque toujours indivise entre plusieurs personnes, à cause de la
grande valeur qui en rend l'achat très-souvent
impossible à une seule personne. De plus, le navire est exposé aux périls de mer ; on comprend
donc encore que ceux qui pourraient l'acheter hé-
sitent à hasarder leur fortune entière dans des
risques aussi considérables. L'indivision en matière de navire sera donc très-fréquente, d'autant
plus que l'art. 220 du Code de commerce fait exception, dans cette hypothèse, à la règle générale
que nul n'est tenu de demeurer dans l'indivision.
On aurait donc pu craindre que les copropriétaires
perdissent tout crédit et que la loi du 10 décembre
1874 n'atteignît pas le but qu'elle se proposait si,
par suite de l'application de l'art. 883, les créanciers hypothécaires eussent été exposés à voir disparaître leurs garanties. De là la dérogation de
l'art. 18.

La loi fait, avec raison, retour au droit commun
pour l'indivision résultant de communauté ma-
trimoniale et de succession. Dans ce cas, en effet,
les inconvénients que nous avons signalés ne sont
plus à craindre, et l'art. 883 a le mérite d'éviter
les recours entre cohéritiers.

ᵉʳ De même pour la licitation en justice, dans les formes voulues par la loi; toutefois, dans ce cas, le droit des créanciers est reporté sur la portion du prix afférente à l'intérêt hypothéqué. Les créanciers ont été appelés, en effet, à surenchérir; il est donc permis de croire que le navire a été vendu à son juste prix; les créanciers n'ont donc point à se plaindre s'ils reçoivent une part de ce prix correspondante à la partie du navire affectée à leurs créances.

CHAPITRE IV

DES PERSONNES AUXQUELLES LA RÈGLE DU PARTAGE DÉCLARATIF EST APPLICABLE

Après avoir examiné à quels actes et à quels objets s'applique la règle de l'art. 883, il nous semble utile d'étudier maintenant cet article, au point de vue des différentes personnes vis-à-vis desquelles il peut produire quelque effet.

A ce sujet, nous rappelons que nous avons déjà étudié plus haut la question qui se pose relativement à la portée générale de l'art. 883. Nous rappelons que, suivant nous, cet article contient une fiction, et nous renvoyons au chapitre Iᵉʳ pour plus amples développements.

Nous laissons pour le moment de côté les applications de l'art. 883 au point de vue fiscal, nous

les retrouverons plus tard dans un chapitre spécial que nous consacrerons à cette matière, et
nous nous plaçons, pour le moment, exclusivement au point de vue civil.

Nous divisons cette étude en deux sections.

Dans la première, nous traiterons des effets du
partage entre les cohéritiers et entre chaque héritier et les ayants cause des autres.

Dans la seconde, des mêmes effets, au point de
vue des tiers autres que les ayants cause d'un héritier en relation avec les autres cohéritiers.

SECTION PREMIÈRE

DES EFFETS DU PARTAGE ENTRE COHÉRITIERS ET ENTRE CHAQUE HÉRITIER ET LES AYANTS CAUSE DES AUTRES

§ Ier. — *Des conséquences de l'effet déclaratif du partage, au point de vue des droits consentis par les cohéritiers sur les biens indivis.*

Chacun des cohéritiers étant censé n'avoir jamais été propriétaire des biens tombés aux lots
de ses cohéritiers, il en résulte que les droits réels
consentis pendant l'indivision par l'un d'eux sur
des biens de la succession seront nuls et non ave-
nus, à moins que le bien ne tombe précisément
au lot du cohéritier qui l'a grevé.

Examinons cette conséquence de l'art. 883 dans
ses diverses applications.

Hypothèques et autres droits réels. — C'est ici que l'effet du principe déclaratif se manifeste le plus souvent. En vertu de l'art. 883, toutes les hypothèques légales, judiciaires ou conventionnelles, qui du chef d'un des cohéritiers auraient frappé tout ou partie des biens de la succession, disparaîtront aussitôt le partage effectué, et chacun des cohéritiers recevra son lot franc et quitte d'hypothèque.

Nous nous plaçons, bien entendu, dans l'hypothèse où les hypothèques ont été consenties pendant l'indivision, par un des cohéritiers, et non dans le cas où elles viendraient du défunt.

Nous supposons également que les biens grevés tombent dans le lot d'un autre que celui qui les a engagés. Dans le cas contraire, les hypothèques, loin de s'évanouir, seraient confirmées, et cela en vertu même du principe de l'art. 883.

A ce propos, on se demande dans quelle mesure l'hypothèque frappera le bien échu au constituant. Sera-ce l'immeuble entier ou seulement la part indivise du cohéritier? Voici la solution généralement adoptée et qui nous semble la bonne. Il faut, avant tout, consulter l'intention des parties et en faire la loi du contrat; s'il y a doute, si l'acte n'indique pas clairement quelle a été la volonté des contractants, on doit considérer l'hypothèque comme éventuelle; dans ce cas, les parties ont voulu faire dépendre le sort de l'hypothèque de l'éventualité du partage. Si l'immeuble était attribué à un autre que le constituant, l'hypothèque s'évanouirait; s'il lui est attribué, il est juste qu'elle le frappe tout entier (1).

Le créancier hypothécaire, dans le cas où son hypothèque viendrait à s'évanouir par suite du partage, ne pourrait réclamer de nouvelles sûretés en se fondant sur l'art. 2131. Ici, en effet, le créancier a dû prévoir l'extinction éventuelle de son hypothèque, et on ne se trouve pas dans les termes de l'art. 2131, qui prévoit la perte du gage par cas fortuit. Il en serait de même en cas de licitation de l'immeuble grevé.

Si l'immeuble hypothéqué était attribué par le partage à un héritier autre que le débiteur, on se demande si l'hypothèque se trouverait reportée sur les biens échus à ce dernier. Une distinction nous semble nécessaire. Il faut répondre affirmativement si l'hypothèque est générale, négativement dans le cas où elle est spéciale.

Tout ce que nous venons de dire à propos de l'hypothèque s'applique également aux autres droits réels. Un arrêt de la cour de Limoges, du 23 juin 1838, établit formellement cette doctrine.

Aliénations. — Il semble, après ce que nous avons dit ci-dessus, que les décisions que nous avons données et qui sont admises par tout le monde sans contestation, relativement aux démembrements du droit de propriété, doivent s'ap-

(1) Cass., 6 décembre 1826.

pliquer sans contestation à ce droit lui-même. C'est aussi l'opinion généralement admise ; cependant, la doctrine contraire a été soutenue, et, il faut le reconnaître, avec une grande habileté et un rare talent, par M. Ferry (*Thémis.* t. VIII, p. 49).

Le partage, nous dit-il, suppose nécessairement des biens indivis, et quand un des cohéritiers a vendu à un tiers sa part dans un objet héréditaire, on ne peut plus dire que cette part aliénée soit encore indivise entre les héritiers, et, par conséquent, le partage des biens de la succession ne saurait s'y appliquer. L'indivision, quant à cette portion aliénée, existe désormais entre le tiers acquéreur et les cohéritiers, c'est donc entre eux que doit intervenir un partage.

A l'appui de son opinion, M. Ferry argumente en se fondant sur les dispositions du droit romain. L'aliénation de sa part indivise par l'un des cohéritiers dans un immeuble de la succession créait une nouvelle indivision entre les autres cohéritiers et l'acquéreur, et pour en sortir on avait recours, non plus à l'action *familiæ erciscundæ*, mais à l'action *Communi dividendo* (1).

Cette doctrine nous semble inadmissible, et quelle que soit l'habileté avec laquelle elle ait été présentée et soutenue, il nous semble évident qu'elle ne repose que sur une pétition de principe.

On a d'abord fait remarquer que, pour réduire

54, *Fami. ercisc.*, Dig. — 3, *Com. divid.*, Code.

cette argumentation à néant, on n'avait qu'à retourner un brocard bien connu et dire : « qui ne peut pas le moins ne peut pas le plus »; les cohéritiers ne pourraient pas aliéner antérieurement au partage, un démembrement du droit de propriété, comment pourraient-ils aliéner valablement cette propriété tout entière? Pour nous, nous nous défions des brocards; celui qui peut le plus ne peut pas toujours le moins et réciproquement, nous pensons que celui qui ne peut pas le moins peut quelquefois pouvoir le plus, quand le législateur pense cela utile. La preuve en est que, en matière de rapport de biens immobiliers, les aliénations subsistent, tandis que les droits réels sont anéantis.

Les arguments néanmoins ne manquent pas à l'appui de notre thèse. L'opinion de M. Ferry, avons-nous dit, n'est qu'une pétition de principe, cela nous semble évident. En effet, que nous dit-il? L'indivision n'existe plus entre les cohéritiers, parce que l'acquéreur est devenu propriétaire; mais là, précisément, est la question, et, pour que la propriété ait pu passer de la personne du vendeur à l'acquéreur, il faut que l'aliénation soit valable. Or, l'art. 883 décide que, si le bien aliéné ne tombe pas au lot de l'aliénateur, celui-ci n'en aura jamais été propriétaire; il aura donc, par conséquent, vendu la chose d'autrui, et cette vente est nulle.

De plus, comment admettre que le législateur,

qui, en écrivant l'art. 883, a voulu empêcher, comme nous le dit Lebrun, qu'un cohéritier *dissipateur pût infecter tous les lots de ses cohéritiers*, lui ait en même temps reconnu le droit de soustraire à la masse partageable une quantité peut-être considérable des biens héréditaires et de forcer ses cohéritiers à prendre part à des partages partiels autant de fois qu'il lui plaira de vendre sa part dans les immeubles héréditaires?

Que deviendra, dans le système de M. Ferry, le sens et l'utilité de l'art. 2205, d'après lequel « la « part indivise d'un cohéritier dans les immeubles « d'une succession ne peut être mise en vente par « ses créanciers personnels avant le partage ou la « licitation? »

Que deviendra l'art. 883 lui-même? En effet, si un cohéritier consent un droit d'usufruit, par exemple, sur un bien héréditaire, qui empêchera de dire, dans le système de M. Ferry, que ce bien, quant à l'usufruit, n'est plus dans l'indivision (1)?

Nous pensons donc que le système de M. Ferry doit être rejeté, et qu'aucune distinction ne doit être faite entre les constitutions de droits réels et

______

(1) Voyez, sur ce point, Lebrun, chap. I, L. IV, n° 21 ; Mourlon, t. II, p. 204 ; Demol., *op. citat.*, p. 306 ; Aubry et Rau, t. V, § 625 ; Cass., 13 fév. 1838. Ce dernier arrêt décide que la purge opérée par un acquéreur d'une part indivise d'un immeuble héréditaire est nulle si l'immeuble échoit par le partage au lot d'un autre que l'aliénateur. « Attendu, dit-il, que toute cession ou vente de la part d'un héritier « dans les effets de la succession s'évanouit devant la propriété du « cohéritier saisi par le partage ou la licitation, lesquels ne sont point « attributifs, mais déclaratifs de propriété, etc..... »

les aliénations. Toutefois, nous pensons que les copropriétaires n'auront pas le droit de revendiquer l'immeuble aliéné. L'aliénation, en effet, n'est pas nulle, mais subordonnée au résultat du partage.

Nous pensons également que les créanciers d'un des cohéritiers pourraient saisir sa part indivise, le sort de la saisie devant encore ici dépendre de l'éventualité du partage. (En ce sens, Lyon, 20 mai 1854.)

§ II. — *Des conséquences de l'effet déclaratif du partage, au point de vue de la transmission.*

L'art. 1er de la loi du 23 mars 1855 s'exprime ainsi :

« Sont transcrits au bureau des hypothèques de la situation des biens :

« 1º Tout acte entre vifs translatif de propriété immobilière ou de droits réels susceptibles d'hypothèques.....; 4º tout jugement d'adjudication autre que celui rendu sur licitation au profit d'un cohéritier ou d'un copartageant. »

Cette loi décide donc d'une façon formelle que le partage et la licitation en justice ne sont pas soumis à la transcription ; il doit en être de même de la licitation à l'amiable, que nous avons ci-dessus complétement assimilée, quant à ses effets, à la licitation en justice. Nous en dirons autant de tous les actes qui, sans être une licitation ou un partage proprement dit, mettent fin à l'indivision et tombent sous l'application de l'art. 883.

La pensée du rédacteur de la loi de 1855 s'applique en effet à tous ces actes sans distinction. Le législateur n'a voulu soumettre à la transcription que les actes translatifs de propriété et non ceux qui sont seulement déclaratifs. Pour savoir quels sont ces actes, c'est aux principes du droit civil qu'il faut se reporter.

Reste à voir si cette pensée du législateur est juste en elle-même. Remarquons d'abord que le législateur ne s'est pas prononcé sur le point qui nous occupe sans une certaine hésitation. La loi du 11 brumaire an VII contient une disposition identique à celle de 1855, et cependant le projet de loi soumettait à la transcription le partage lui-même. Chose remarquable, le même fait se reproduisit quand la question s'agita de nouveau sous l'empire du Code. Le projet de loi sur la réforme hypothécaire, adopté par le conseil d'État, le 3 mai 1853, décidait que tout *acte translatif ou déclaratif* de propriété immobilière ou de droits réels susceptibles d'hypothèques seraient transcrits. La commission nommée par le Corps législatif modifia le projet et le remplaça par la rédaction qui a passé définitivement dans le texte de la loi de 1855.

Cette simple remarque sur les travaux qui ont précédé la rédaction de ces deux lois démontre, à

priori, que la transcription peut avoir quelque
intérêt, appliquée au partage, malgré son caractère déclaratif. Aussi une discussion s'engagea-
t-elle dans la commission nommée pour la rédaction de la loi de 1855, et M. de Belleyme, dans
son rapport au Corps législatif, en rend compte,
ainsi que des motifs qui déterminèrent cette commission à exempter le partage de la formalité de
la transcription.

Pour M. de Belleyme, la question n'a pas d'intérêt vis-à-vis des créanciers de la succession, qui,
nonobstant tout partage, peuvent conserver les
droits par eux antérieurement acquis. Elle ne
saurait se poser que relativement aux créanciers
d'un des héritiers qui aurait concédé des droits
réels sur un immeuble héréditaire pendant l'indivision. Le partage non transcrit pourra-t-il être
opposé aux ayants cause de cet héritier qui auraient pris eux-mêmes la précaution de remplir
les formalités d'inscription ou de transcription?
Et M. de Belleyme répond que l'affirmative a été
adoptée par la commission, déterminée par cette
considération que le partage est déclaratif et non
translatif, et que les droits des tiers ont été sauve-
gardés par l'art. 882 du Code civil, qui les autorise
à former opposition au partage, pour qu'il n'y
soit pas procédé hors leur présence.

Cette distinction entre les actes déclaratifs et les
actes translatifs de propriété immobilière, au
point de vue de la transcription, bien qu'elle ait

été acceptée par d'excellents esprits, nous semble complétement injustifiable. Nous pouvons, en effet, faire remarquer avec M. Mourlon *(Traité de la Transcription*, p. 583 et suiv.*)* que le partage, bien que déclaratif, a pour les tiers tous les résultats d'un acte translatif, du moins, quant aux actes passés postérieurement à la cessation de l'indivision. Du jour de l'ouverture de la succession, chaque héritier avait acquis un droit de copropriété générale sur tous les immeubles héréditaires. Ce droit, chaque cohéritier pouvait le céder avant partage, mais le partage étant effectué, il disparaît pour faire place à un droit nouveau et exclusif portant sur des objets déterminés. N'est-il pas évident que, dans ce cas, la transcription serait utile pour apprendre aux tiers à partir de quelle époque les cohéritiers ont cessé d'être copropriétaires de la masse indivise, et ont perdu la faculté d'aliéner ou de grever ces droits résultant de l'indivision? N'est-t-il pas évident encore que, dans l'hypothèse qui nous occupe, l'art. 882 ne peut apporter aucun secours aux tiers qui ont traité avec les cohéritiers postérieurement au partage? « Singulière distraction d'un bon esprit, dit M. Mourlon, qui ayant à organiser à l'égard des tiers, les modifications que la cessation de l'indivision apporte dans la condition des héritiers et par suite le sort des droits qu'ils pourront concéder dans l'avenir, se préoccupe exclusivement des actes passés pendant la période de l'indivision. »

III. — *Des conséquences de l'effet déclaratif au point de vue de l'action résolutoire.*

L'effet de l'art. 883 ici, c'est que le partage avec soulte et la licitation ne seront pas soumis à l'action résolutoire pour défaut de paiement de la soulte ou du prix. Le partage en effet n'est pas une vente, et il est incontestable que l'art. 1654 ne saurait lui être appliqué.

Ce point a donné lieu cependant à une difficulté. L'art. 1654 étant écarté, on se trouve en présence d'un texte, l'art. 1184 qui décide que « l'action résolutoire est toujours sous-entendue dans les contrats synallagmatiques pour le cas où l'une des parties ne satisfera pas à son engagement. » Or, a-t-on dit, le partage est un contrat synallagmatique, il tombe donc sous l'application de l'art. 1184; et qu'on ne nous oppose pas le principe déclaratif de l'art. 883, car ce n'est qu'un effet du partage et avant de voir si cet effet peut exister, il faut voir si la cause qui doit le produire, c'est-à-dire le partage lui-même est valable, et c'est précisément la cause qu'on attaque ici.

Cette doctrine nous semble inacceptable. Demander la nullité d'un partage pour défaut de paiement de la soulte ou du prix, c'est prétendre que ce partage n'a pas été bien exécuté, c'est en attaquer l'exécution et par conséquent l'effet qu'il a produit. Pour que cette attaque réussisse il faudra supposer la préexistence d'un contrat dans lequel les parties seront respectivement les ayants cause les unes des autres et ce contrat ne saurait être un partage, car, dans le partage, chaque cohéritier tient sa part du défunt et non de ses cohéritiers (art. 883).

Ce qui prouve bien la fausseté du système que nous combattons, c'est la différence que le législateur a établie entre la garantie en matière de vente et la garantie en matière de partage. Que l'acheteur subisse une éviction; il pourra réclamer son prix, lors même que la chose vendue serait diminuée de valeur depuis la vente. Que le copartageant soit évincé : c'est à l'époque de l'éviction qu'on se placera pour estimer le dommage souffert. Ce qui explique cette différence, c'est qu'en agissant en garantie et en réclamant son prix, l'acheteur invoque le principe de l'art. 1184 et demande la résolution du contrat, si le copartageant n'a droit qu'à une simple indemnité, c'est évidemment qu'il ne peut pas invoquer le même principe.

Ce système est d'ailleurs conforme à l'esprit du Code qui tient à établir la stabilité des partages sur laquelle reposent la paix et la fortune des familles. Il est donc impossible de croire que le législateur ait voulu laisser tous les copartageants à la merci de deux d'entre eux qui, en s'entendant, l'un pour ne pas payer la soulte, l'autre pour demander la résolution, anéantiraient un partage consommé, contrairement à la volonté de tous les autres (1).

Jusqu'à présent, nous nous sommes placés dans l'hypothèse d'une condition résolutoire tacite et nous avons décidé qu'on ne pourrait invoquer l'art. 1184 en cette matière. Il n'en serait pas de même s'il avait été convenu entre les parties que le partage serait résolu à défaut d'exécution des conventions. La doctrine contraire, il est vrai, a été soutenue et nous la trouvons formulée notamment dans un arrêt de la Cour de Rouen du 10 juin 1841. Les considérants de cet arrêt montrent cette clause comme contraire au principe déclaratif de l'art. 883, et contraire en même temps à l'ordre public intéressé à ce que la propriété immobilière ne reste pas incertaine. Cette opinion, avons-nous dit, ne nous semble pas soutenable et tout d'abord nous ne voyons pas en quoi notre clause peut contrarier le principe de l'art. 883. Les parties ne pouvaient-elles faire un partage conditionnel? Et de quoi s'agit-il dans votre hypothèse sinon d'un partage subordonné à l'existence d'une condition? De plus, il est de la nature du partage de ne point être résoluble par défaut d'exécution des charges, mais cela n'est pas de son essence, notre clause, suivant nous, n'est donc pas contraire à l'ordre public; elle pourra, il est vrai, devenir de style, mais en supposant que cela fût un mal, ce danger

(1) Nancy, 27 juillet 1838. Cass. 29 décembre 1839. Demolombe, *op. cit.*, n° 308.

ne serait-il pas compensé par des avantages bien suffisants? L'opinion contraire ne conduirait-elle pas à des inconvénients plus grands encore? Pourquoi empêcher les cohéritiers qui ne veulent pas acheter eux-mêmes les biens de la succession de prendre des garanties contre celui d'entre eux, qui se portera adjudicataire et dont ils ne sont pas à même d'apprécier la solvabilité (1)?

Ces raisons ont paru concluantes à la Cour de cassation qui, par arrêt du 6 janvier 1846, a cassé l'arrêt précité de la Cour de Rouen.

SECTION II

DES EFFETS DU PARTAGE AU POINT DE VUE DES TIERS AUTRES QUE LES AYANTS-CAUSE D'UN HÉRITIER EN RELATION AVEC LES AUTRES COHÉRITIERS.

§ I. — *Rapports de chaque cohéritier avec des tiers non ayants-cause des autres.*

La question qui se pose ici est bien connue. L'art. 710 dispose que, si un fonds dominant appartient à plusieurs personnes dont une est mineure, la servitude ne pourra s'éteindre par le non-usage pendant la minorité de ce co-propriétaire « *In individuis minor relevat majorem.* » On se demande si cette disposition doit être appliquée, si le partage intervenant a mis cet immeuble tout entier au lot d'un majeur.

(1) Demol., *op. citat.*, n° 300.

La raison de douter ici vient de l'art. 883. Si le majeur est censé avoir *toujours* été propriétaire de l'immeuble dans ses rapports avec le propriétaire du fonds servant, la servitude doit s'éteindre par le non-usage. C'est à ce résultat que conduit la doctrine de ceux qui voient dans la disposition de l'art. 883 un principe général applicable en toutes matières, résultat que la jurisprudence a consacré (1).

Cette opinion nous semble inadmissible, et, conformément à la doctrine que nous avons exposée plus haut, nous ne pensons pas qu'il faille ici appliquer l'art. 883. Que deviendrait, en effet, l'art. 710? Le cohéritier mineur, nous dit-il, « *aura conservé les droits de tous les autres.* » Or, comment ce mineur pourra-t-il conserver ces droits des autres, si, dans le cas où le bien est attribué à l'un d'eux, la copropriété du mineur est rétroactivement effacée? Dans le système que nous combattons, il faut donc réduire à néant l'art. 710.

Ce système a de plus le tort considérable d'être en opposition manifeste avec l'esprit de la loi. L'art. 883 a été, nous l'avons déjà dit, introduit comme protection à chaque cohéritier, et précisément, dans ce cas, la rétroactivité aurait pour but de leur nuire.

Enfin, un autre argument nous est encore fourni par le rapprochement des art. 709 et 710. L'art. 709 décide que l'exercice d'une servitude par l'un des

(1) Cass., 2 décembre 1845.

copropriétaires en empêche l'extinction à l'égard
de tous, ce qui veut dire, en d'autres termes, que
cette servitude continuerait d'exister, alors même
que le fonds dominant ne tomberait pas au lot de
celui qui a exercé cette servitude. La présence
d'un mineur parmi les copartageants est équiva-
lente à cet exercice de la servitude par l'un d'eux;
pourquoi donc distinguer entre les deux hypothèses?

La doctrine contraire est si peu fondée, que
ceux-là mêmes qui donnent au principe de l'art. 883
un caractère général et absolu ont jugé bon d'y
apporter une exception pour le cas qui nous occupe (1). A plus forte raison, nous, qui avons soutenu au contraire que l'art. 883 contient une fiction, devons-nous conclure que son application
doit être rejetée dans cette hypothèse.

Nous déciderons de même que, s'il s'agissait de
choses divisibles susceptibles de s'acquérir par
prescription, en supposant que, parmi les copartageants, il s'en trouvât un en faveur duquel la
prescription fût suspendue, il ne faudrait pas s'en
remettre à l'effet du partage pour savoir si l'immeuble a pu ou non être acquis. L'opinion contraire conduirait en effet à des résultats inadmis-
sibles. De deux choses l'une, en effet, ou l'immeuble aura été attribué à un des cohéritiers contre
lequel la prescription court, et celui-ci, se voyant

____

(1) Demol., *Traité des servitudes,* n° 299.

évincé, aura un recours en garantie contre ceux-
là mêmes que la loi a voulu protéger; ou bien
l'immeuble est échu au lot d'un de ces derniers, et
le résultat serait ici manifestement injuste, car les
cohéritiers ne manqueraient jamais de mettre le
bien dans le lot d'une de ces personnes, et les tiers
acquéreurs ne pourraient faire respecter leurs
droits, l'art. 882 ne leur étant pas applicable.

Nous déciderons donc qu'il faut rejeter ici la
disposition de l'art. 883, parce que l'indivision
n'existe plus entre les cohéritiers, mais entre le
cohéritier contre lequel ne court pas la prescription et le tiers qui a bien et légitimement prescrit
la part indivise de l'autre copartageant.

§ II. — *Rapports entre les ayants cause d'un*
même héritier.

Cette rubrique comprend deux questions des
plus importantes et des plus controversées.

I. — L'art. 563 du Code de commerce est ainsi
conçu : « Lorsque le mari sera commerçant au
moment de la célébration du mariage, ou lorsque,
n'ayant pas alors d'autre profession déterminée,
il sera devenu commerçant dans l'année, les immeubles qui lui appartiendraient lors de la célébration du mariage ou qui lui seraient advenus
depuis, soit par succession, soit par donation

entre vifs ou testamentaire, seront seuls soumis à l'hypothèque de la femme. »

Lorsque le mari propriétaire indivis d'un immeuble héréditaire aura acquis cet immeuble entier soit moyennant une soulte, soit moyennant un prix en cas de licitation, l'hypothèque légale de la femme portera-t-elle sur la totalité de l'immeuble?

Pour rester logiques avec nous-mêmes, nous déciderons, conformément à la théorie que nous avons exposée sur la portée générale de l'art. 883, que l'effet déclaratif du partage ne saurait être invoqué ici, et que, par conséquent, le mari ne doit pas être considéré comme ayant succédé pour le tout à l'immeuble à lui ainsi attribué.

Cette opinion est, du reste, en conformité parfaite avec la pensée qui a inspiré le législateur de 1838. On a voulu en effet empêcher que des commerçants peu scrupuleux se procurassent, avec l'argent de leurs créanciers, des immeubles sur lesquels ces derniers seraient primés par l'hypothèque légale de la femme. La loi décide que tous les immeubles acquis des deniers de ces créanciers échapperont à cette hypothèque et présume, pour plus de sûreté, toute acquisition à titre onéreux faite au moyen de ces deniers. Ici, bien évidemment, la soulte ou le prix d'adjudication a pu être payé avec l'argent des créanciers ; le danger prévu par le législateur est donc à craindre, et cela suffirait pour écarter l'application de l'art. 883, abstraction faite de l'idée que l'on peut se faire sur la portée générale de cet article (1).

II. Soit un testament léguant tous les meubles à Primus et tous les immeubles de la succession à Secundus. Avant de mourir, le testateur a recueilli une succession qui n'est pas encore partagée à son décès ; cette succession se compose de meubles et d'immeubles. Devra-t-on, pour connaître la part de Primus et celle de Secundus, attendre le résultat du partage et décider en conséquence que, si le lot du *de cujus* se compose exclusivement d'immeubles, Secundus prendra tout et Primus n'aura rien ? Ne faut-il pas, au contraire, écartant l'application de l'art. 883 du décès, accorder à chacun d'eux un droit égal à la quantité de meubles et d'immeubles qui forment dans la succession la part de leur auteur ?

Soit encore l'hypothèse suivante. Un cohéritier a consenti une hypothèque durant l'indivision sur sa part indivise dans un immeuble héréditaire ; l'immeuble est licité et c'est un autre cohéritier qui s'en porte adjudicataire.

Faut-il décider ici que le créancier aura perdu son droit de préférence sur l'immeuble licité ? Faut-il au contraire admettre que ce droit de préférence continuera à subsister ?

(1) En sens contraire, Limoges, 14 mai 1853 ; Douai, 26 novembre 1868 ; Cass., 10 novembre 1869. — M. Demolombe, comme dans l'hypothèse prévue au paragraphe précédent, tout en reconnaissant à l'art. 883 un caractère absolu, recule encore ici devant les conséquences de son système et admet une opinion conforme à la nôtre.

Sur ces deux questions, nous n'hésitons pas à répondre : sur la première espèce, que chaque cohéritier doit avoir un droit égal à la part indivise de son auteur dans les meubles et dans les immeubles ; sur la seconde, que le droit de préférence continuera à subsister (1).

Nous avons admis en effet que l'effet de l'art. 883 doit être restreint entre les cohéritiers et entre chaque cohéritier et les ayants cause des autres. Rien ne nous forçant à déroger ici à ce principe, nous devons en accepter les conséquences qui sont d'ailleurs bien plus équitables que celles auxquelles conduirait la doctrine opposée.

§ III. — *Rapports entre chaque héritier et ses ayants cause.*

Ainsi, une personne a recueilli une succession : avant partage, elle contracte mariage sous le régime de la communauté légale. Pour déterminer les rapports du cohéritier et de son conjoint, il faut savoir si l'art. 883 s'applique. Si oui, il faut attendre le résultat du partage ; si non, pour déterminer ce qui tombe dans la communauté, il faut s'attacher au moment de l'ouverture de la succession. La part mobilière ou immobilière est déterminée dès cette époque.

Cette question est très controversée et a donné lieu à trois opinions différentes.

(1) En sens contraire, Caen, 25 fév. 1837.

La première opinion applique l'art. 883 d'une façon absolue. C'est au résultat du partage qu'il faudra s'en rapporter ; si l'époux n'a reçu que des meubles ou un prix de licitation, ces meubles et ce prix tomberont dans la communauté sans récompense pour le conjoint. Dans l'hypothèse inverse, si ce conjoint n'a reçu que des immeubles, ces immeubles lui appartiendront en propre et la communauté n'aura droit à aucune récompense.

Ce système se fonde sur l'art. 1408 qui décide que la portion de meubles dont un des époux était copropriétaire, étant acquise sur licitation pendant le mariage, *ne forme pas un conquêt* sauf à indemniser la communauté de la somme qu'elle a pu fournir.

Cette disposition de l'art. 1408, dit-on, ne peut s'expliquer qu'en admettant que le législateur a voulu appliquer le principe de l'art. 883, aux rapports entre les deux époux, et cela sans distinguer entre le partage proprement dit et la licitation.

A l'appui de ce système, on cite un passage de Bourjon où il est dit : « que dans l'un et l'autre cas, il faut s'en tenir aux opérations du partage, à moins que la fraude ne fût évidente. » Agir autrement, ce serait « enter contestations sur contestations. » Il faudrait, en effet, remonter à l'époque de l'ouverture de la succession pour apprécier quelle doit être en meubles et en immeubles la part du conjoint. De là des difficultés et des procès (1).

A côté de ce système, s'en place un autre moins absolu et bien plus suivi que le précédent.

Dans cette seconde opinion comme dans la première, on décide que tous les meubles échus par le partage de l'époux cohéritier tomberont dans la communauté sans récompense, de même tous les immeubles à lui attribués lui resteront propres sans récompense pour la communauté quelles que fussent d'ailleurs les quantités de meubles et d'immeubles qui dussent lui revenir d'après la composition de la succession.

S'il s'agit au contraire, non plus de meubles ou d'immeubles, mais d'une soulte ou d'un prix de licitation, les partisans de ce système soutiennent que l'art. 883 n'est plus applicable. Et en effet, les biens en nature proviennent bien du défunt auquel le cohéritier est censé avoir succédé seul, mais, dit-on, il n'en saurait être ainsi pour les soultes ou prix de licitation qui sont des valeurs tirées du patrimoine d'un des cohéritiers et représentent une valeur immobilière aliénée par un ou plusieurs autres. Ils ne doivent donc tomber en communauté qu'à charge de récompense, conformément à l'art. 1433. C'est d'ailleurs, ajoute-t-on, ce que Pothier dit en termes

____

(1) Bourjon, *Dr. comm. de France*, 6ᵉ partie de la com., chap. 2, sect. 4, nᵒˢ 66 et 67.

formels : « Ce retour n'est pas un effet de la suc-
« cession auquel on puisse dire que le conjoint
« ait succédé. On ne peut pas dire que c'était un
« effet de la succession, puisque la succession
« était tout immobilière, et que ce n'est pas
« dans la bourse de la succession, mais dans la
« bourse particulière du cohéritier qui en est
« chargé, que doit se prendre ce retour (1). »

Malgré la puissante autorité de Pothier, sur
qui, nous le reconnaissons, a été copié le texte de
l'art. 883; bien que de nos jours encore ce système
soit adopté par la jurisprudence et soutenue par
les jurisconsultes les plus éminents, nous n'hésitons pas à le rejeter, et s'il nous fallait choisir
entre les deux opinions que nous venons d'exposer, nous préférerions l'opinion de Bourjon, qui,
du moins, a le mérite d'être logique. Nous ne
comprenons pas, en effet, qu'on puisse distinguer
entre le partage et la licitation, alors que l'article 883 les met formellement sur la même ligne.
Nous ne comprenons pas qu'on applique l'art. 883
dans une de ses parties et qu'on le rejette dans
l'autre; en un mot, il faut ici l'admettre complétement ou le rejeter pour le tout. C'est déjà ce que
décidait Bourjon « mal à propos, » suivant Pothier, fort logiquement, suivant nous : « l'une et
l'autre question devant se décider par le même
principe. »

(1) Pothier, *De la Com.*, part. I, ch. 2, n° 100. Voy. en ce sens,
Demol., *op. cit.*, n° 317.

Pour nous, nous ne saurions admettre ici que l'art. 883 soit applicable aux rapports des époux entre eux. Lebrun disait déjà dans l'ancien droit : « Si on donne des récompenses pour les soultes de partage, en ce qu'elles tiennent lieu d'immeubles, et si le concours des autres héritiers qui n'ont point d'intérêt dans les fraudes du cohéritier qui est en communauté n'empêchent pas ces sortes de récompenses, pourquoi n'en donnera-t-on pas pour les échanges de partage, qui ne représentent pas moins que les soultes ce que le conjoint devait avoir? » Et plus loin : « On doit ici se défaire de tous les préjugés de la matière des successions, et il ne s'agit plus de dire que les partages ont un effet rétroactif, qu'on est censé avoir eu au moment du décès ce qu'on a dans l'événement des partages et que les créanciers qui ont souffert un partage ne le peuvent détruire. Ces raisons sont hors d'œuvre en fait de récompenses de communauté qui ne touchent point aux partages des successions et les laissent comme ils sont, mais qui indemnisent le conjoint de ce qu'il devait avoir et sont un remède nécessaire pour conserver l'égalité entre conjoints (1). »

Nous pensons avoir démontré que le système intermédiaire s'appuie sur une distinction arbitraire que nous ne saurions admettre. Nous ne pensons pas, d'un autre côté, que le système de

_____

(1) Lebrun, *Communauté*, liv. I, chap. V, section 2, nos 78-81.

Bourjon soit plus soutenable. L'argument principal sur lequel il s'appuie et qu'il tire de l'art. 1408
nous semble facile à réfuter. Il n'est pas en effet démontré que la disposition de l'art. 1408, en vertu
duquel l'immeuble sur lequel un des époux avait
un droit de propriété indivise, étant acquis par
lui au cours de la communauté, ne forme pas un
conquêt, ne puisse s'expliquer autrement que
par l'effet du principe déclaratif de l'art. 883. L'é-
poux, en acquérant la portion qu'il n'avait pas, a
voulu sortir de l'indivision; or, il n'atteindrait pas
ce but si l'immeuble tombait en communauté. De
plus, si le législateur n'a pas voulu que l'immeuble acquis dans ces circonstances constituât un
conquêt, c'est qu'il a pensé que l'époux cohéritier
serait plus porté à acquérir un propre pour lui et
à éviter ainsi la division, peut-être très-nuisible,
d'un domaine, qu'à constituer un conquêt au profit de la communauté. C'est, du reste, de cette
façon que la Cour de cassation a interprété la
pensée du législateur dans l'art. 1408, dans les
considérants d'un arrêt du 30 janvier 1850.

Les arguments directs ne nous manquent pas à
l'appui de notre thèse. Nous pouvons invoquer
par analogie l'art. 1558, qui décide qu'il faudra
faire emploi du prix de licitation d'un immeuble
dotal dont la femme était copropriétaire. L'art. 883
ne régit donc pas les rapports des époux mariés
sous le régime dotal, pourquoi les régirait-il en
matière de communauté ?

Et de plus que deviennent dans le système que nous combattons, les articles 1096 et 1437? Le premier défend les donations irrévocables entre époux, le second organise minutieusement la théorie des récompenses ; comment comprendre qu'après deux dispositions aussi formelles le législateur ait subordonné la composition de la communauté et des propres aux effets du partage? Comment comprendre qu'il ait ouvert ainsi une aussi large porte aux fraudes des parties intéressées à faire composer les lots de telle ou telle façon pour se soustraire aux dispositions prohibitives de la loi?

La même solution nous semble devoir s'imposer en matière de régime dotal. En supposant donc que la femme se soit constitué en dot tous les immeubles présents et futurs, on devra faire abstraction de l'art. 883 et de la composition des lots et décider que la portion de biens qui seront dotaux sera déterminée d'après la quantité de droits immobiliers que la femme avait au jour de l'ouverture de la succession.

Si un héritier vendait, pendant l'indivision, un immeuble héréditaire, et que cet immeuble vînt à lui être attribué en entier, nous pensons qu'il faudrait distinguer, comme nous l'avons fait pour l'hypothèque, et voir si le débiteur a voulu vendre le bien en totalité ou seulement sa part indivise dans l'immeuble. Tout se réduit ici à une question d'interprétation de volonté et l'art. 883 n'a aucune influence sur la question.

Si, au lieu d'une vente, nous supposons un legs, la solution sera toute différente. L'art. 1021 prohibe en effet sévèrement le legs de la chose d'autrui, or le testateur, en léguant l'immeuble en entier, a légué ce qui ne lui appartenait pas ; le legs n'est donc valable que jusqu'à concurrence de sa part héréditaire et nul pour le surplus (sauf cependant l'hypothèse prévue par l'art. 1423). C'est là une conséquence directe de notre principe que l'art. 883 ne saurait s'appliquer entre chaque héritier et ses ayants cause.

L'examen des divers points que nous venons d'étudier, et les conséquences que nous avons déduites, naturellement et logiquement, des principes que nous avons posés plus haut, nous confirment dans notre manière de voir, au sujet de la portée générale de l'art. 883.

Tout s'explique, en effet, naturellement dans notre système et nos déductions sont en parfaite harmonie avec l'équité, le bon sens et les dispositions du Code. Nous avons vu, au contraire, que dans nombre de cas nos adversaires, pour rester fidèles à ces trois choses que l'interprète ne doit jamais perdre de vue, sont forcés d'abandonner et de renier leur principe.

Nous croyons avoir complétement examiné toutes les questions auxquelles donne lieu l'article 883, au point de vue civil, et nous arrêtons ici nos explications. Nous ne pouvons terminer cependant sans dire quelques mots d'une difficulté qui se rattache au principe qui vient de faire l'objet de notre étude. L'art. 1017 porte que les débiteurs d'un legs en sont tenus personnellement pour leurs parts et portions et hypothécairement pour le tout. Nous n'avons pas besoin de rappeler la discussion classique à laquelle donne lieu cet article, disons seulement que tous les auteurs sont d'accord aujourd'hui sur ce point que cette disposition du Code contient une erreur, une fausse application du principe de l'indivisibilité d'hypothèque, et une copie maladroite et inexacte de la constitution de Justinien (1, Code, *de Leg. et fid.*).

On a essayé cependant d'expliquer l'art. 1017 et on a proposé de le considérer comme faisant exception à l'art. 883. En droit romain, pendant l'indivision, l'action hypothécaire ne pouvait avoir plus d'étendue que l'action personnelle, mais, après le partage, chaque héritier recevant les biens à lui échus grevés de l'hypothèque qui frappait la part indivise de ses cohéritiers, et, d'un autre côté, l'hypothèque du légataire frappant également la part qu'il tenait directement du défunt, il était vrai de dire qu'il était tenu hypothécairement pour le tout. C'était là une conséquence directe du principe que le partage était translatif. Les rédacteurs du Code, a-t-on dit, ont voulu reproduire ce système et faire exception pour ce cas particulier au principe de l'art. 883. Cette explication est-elle bonne? Nous ne le pensons pas. Ce n'est pas dans une réminiscence du droit romain qu'il faut chercher l'explication de la pensée du législateur dans l'art. 1017, et la théorie romaine sur le point qui nous occupe était loin de ressembler à celle du droit français. A Rome, il y avait autant d'hypothèques distinctes que de copartageants, et lorsque le partage mettait un immeuble entier au lot d'un des cohéritiers, cet héritier le recevait grevé d'abord, jusqu'à concurrence de sa part héréditaire, parce qu'il était tenu personnellement pour partie de l'acquittement du legs ; grevé en outre des hypothèques portant sur les parts et portions indivises acquises de ses cohéritiers, tenus comme lui de l'acquittement du legs. Il y avait donc là plusieurs hypothèques venant s'accumuler sur un même immeuble et, dès lors l'héritier, en payant sa part comme débiteur personnel, libérait une part indivise de l'immeuble qu'il tenait. Soient deux héritiers débiteurs d'un legs, Primus et Secundus. Le fonds A est mis au lot de Secundus. Celui-ci paye sa part dans le legs, dès lors il n'y a plus que la moitié indivise du fonds qui reste grevée. Il pourra donc échapper à l'action hypothécaire en faisant l'abandon de cette part seulement. En droit français, au contraire, l'art. 1017 établit une hypothèque unique, et l'héritier, ayant payé sa part dans le legs, conservera l'immeuble à lui attribué, *grevé pour le tout* (Voy. M. Machelard, *Textes*, p. 152 et suiv.).

CHAPITRE V

DE L'EFFET DÉCLARATIF DU PARTAGE AU POINT DE VUE DE LA LOI FISCALE

Il nous reste, pour être complets, à consacrer quelques pages à l'effet déclaratif du partage au point de vue fiscal; nous n'avons pas l'intention de nous étendre longuement sur ce sujet que nous présentons comme un simple appendice à l'étude que nous venons de faire en droit civil. Nous nous bornerons à indiquer les principes qui dominent la matière, et les divergences entre ces principes et les règles admises en droit civil.

Tout d'abord nous devons remarquer que le principe de l'art. 883 introduit en haine du fisc seigneurial reçoit une bien plus large application au point de vue civil qu'au point de vue fiscal. Cela peut paraître étrange, mais cependant s'explique facilement. Les légistes introduisirent notre principe en haine de la féodalité, mais ils apportèrent plus tard à soutenir le fisc royal, le même acharnement qu'ils avaient mis à combattre les seigneurs.

Nous examinons ici, comme nous l'avons fait ci-dessus, les différents actes qui mettent fin à l'indivision et les différentes règles qui régissent chacune de ces hypothèses.

I. *Du partage pur et simple.* — A ce sujet, nous avons peu de choses à dire; les règles sont à peu près les mêmes qu'en droit civil. Le partage étant déclaratif et non translatif, ne donne pas lieu à la perception d'un droit proportionnel; c'est déjà ce que décidait la législation du centième denier. Aux termes de la loi du 22 frimaire an VII, les partages de biens meubles et immeubles, entre copropriétaires *à quelque titre que ce soit* sont soumis au droit fixe de trois francs, pourvu qu'il en soit justifié. Ce droit a été porté à cinq francs par l'art. 45-3°, de la loi du 28 avril 1816. Plus tard la loi du 28 février 1872, art. 1er, § 5, introduisit dans cette matière une grave modification, tout en laissant cependant subsister l'art. 883 en principe. Les partages, en vertu de cette loi, sont soumis à un droit gradué réglé de la façon suivante : le quantum est fixé à 5 francs pour les sommes et valeurs de 5,000 francs à 10,000 francs, de 10 francs de 5,000 à 10,000 francs, de 20 francs de 10,000 à 20,000 francs et ensuite de 20 francs par chaque somme ou valeur de 20,000 francs ou fraction de 20,000 francs.

A ce droit il faut ajouter deux décimes additionnels en vertu de la loi du 23 avril 1871, et un demi-décime en sus en vertu de la loi du 30 décembre 1873.

On s'est demandé, à propos du sujet qui nous occupe, s'il est nécessaire, pour que la loi de frimaire an VII reçoive son application que les copartageants aient un titre commun, nous avons eu déjà l'occasion de constater que la jurisprudence sur ce point admet l'affirmative tandis que nous trouvons quelques arrêts en sens contraire au point de vue civil.

Cette jurisprudence nous semble dénuée de fondement et, pour nous en convaincre, il suffira d'examiner les lois antérieures à celle de frimaire an VII, et la corrélation d'idée qui existe entre celle-ci et les précédentes. Une loi du 19 novembre 1790 avait soumis à un droit proportionnel moindre que celui des ventes les actes « qui contiendraient *entre copropriétaires* partage, licitation, etc., » sans parler de la communauté du titre. Une loi postérieure du 14 thermidor an IV déclara ensuite que ce droit moindre ne s'appliquerait qu'entre copropriétaires ayant un titre commun. C'est dans cet état de choses que survint la loi de frimaire an VII qui déclara en termes exprès que le droit fixe s'appliquerait en matière de partage *à quelque titre que ce fût.* N'est-ce pas là une preuve évidente que le législateur a entendu sur ce point abroger la loi de thermidor, et revenir aux dispositions de la loi du 19 novembre 1790?

II. *Soultes ou retours de lots.* — L'art. 69 de la loi du 22 frimaire an VII, s'inspirant en cela de la législation du centième denier, établit un droit de 2 % pour les meubles et de 4 % pour les immeubles, pour les soultes et retours de lots.

Il y a donc encore sur ce point dissidence entre le droit civil et le droit administratif; c'est en effet en considérant la soulte comme translative que la loi de frimaire la soumet au droit proportionnel.

Différentes questions se posent à ce sujet ; nous allons les examiner rapidement. Et d'abord, en quoi doit consister la soulte pour donner lieu à la perception du droit? Nous pensons « que le partage n'est soumis au droit proportionnel qu'autant que le retour consiste en deniers qui doivent être puisés dans la bourse du copartageant chargé de la payer (1). »

Pour qu'il y ait lieu à la perception du droit, la soulte ne doit donc pas comprendre exclusivement des valeurs de la succession, par suite, nous déciderons que quand un héritier a reçu une part plus grande que ses cohéritiers dans les biens héréditaires, à charge de payer une soulte aux autres, il faut voir si l'excédant ainsi attribué à l'un des héritiers doit être conservé en nature ou vendu. Dans ce cas, l'héritier loti ne serait que le mandataire des autres, la somme provenant de la vente ne serait plus qu'une valeur tirée de la succession, et par conséquent le droit ne devrait pas être perçu.

Le retour peut consister en rente. De nos jours, la rente ne donne au créancier qu'un droit personnel et non plus comme autrefois un droit dans l'immeuble ; la soulte ici se composera de valeurs appartenant au débiteur, et, par conséquent, le droit sera perçu.

(1) Championnière et Rigaud, *droits d'enreg.*, n° 2675.

On s'est demandé, à propos du sujet qui nous occupe, si la soulte tombe sous l'application de la loi du 28 avril 1816 qui confond en un droit unique de 5 1/2 % les droits de mutation et de transcription perçus ensemble lors de l'enregistrement. L'administration soutint d'abord que les partages avec soultes étant assimilés aux ventes d'immeubles par la loi du 22 frimaire an VII devaient être soumis au droit de 5 1/2 %. Cette opinion nous semble fausse; il n'y a pas assimilation complète aux termes de la loi de frimaire entre les ventes et les soultes, et la preuve en est que l'art. 69, § 7, qui soumet au droit de 4 % les ventes et les soultes, leur consacre deux numéros différents; la loi n'a donc pas entendu les confondre ensemble, et s'il y a assimilation, ce n'est qu'au point de vue du droit à percevoir. La soulte, suivant nous, n'est donc pas un acte de nature à être transcrit, et le droit de 4 % sera seul dû. La Cour de cassation a consacré ce système que l'administration a adopté ensuite (1).

III. *Licitation.* — L'art. 69, § 5, n° 6, de la loi du 22 frimaire an VII soumet aux mêmes droits que les soultes, c'est-à-dire à 2 % en matière mobilière et 4 % en matière immobilière, *les parts et portions acquises* des biens indivis, par licitation. Cette loi met donc fin à la controverse qui s'était élevée dans l'ancien droit, sur la question de sa-

(1) Cass., 27 juillet 1819.

voir si le droit devait être perçu sur les parts et portions des cohéritiers, acquises sur licitation par l'un d'eux, ou bien sur ces parts et encore sur celle propre à l'adjudicataire.

La loi de frimaire, tout en voulant mettre fin à une controverse, en a fait naître une autre par la manière dont elle est rédigée. Que doit-on entendre par une portion acquise? Est-ce ce qui excède la part de l'héritier adjudicataire dans l'immeuble licité ou ce qui excède celle qu'il a dans la masse héréditaire? Il faut, pour résoudre cette question, bien comprendre les principes généraux qui régissent le droit fiscal. Le principe élémentaire et fondamental en cette matière peut se formuler ainsi : il faut que toutes les valeurs qui entrent dans le patrimoine d'une personne soient frappées d'un droit de mutation, mais ce droit ne saurait être perçu deux fois. La succession d'une personne venant à s'ouvrir, chaque héritier doit payer un droit proportionné à la part qu'il acquiert dans l'ensemble des biens héréditaires. Le partage intervenant ensuite, la loi fiscale rompant en cela avec le principe de l'art. 883, décide que ce qui sera attribué à l'un des héritiers au-delà de sa part héréditaire sera soumis au droit de mutation, mais ce qu'elle ne saurait décider, c'est que quand l'acte qui met fin à l'indivision ne met dans le lot de l'un des héritiers que le montant de sa part héréditaire, il y aura encore lieu à la perception du droit.

Nous pensons donc, que si la licitation met un immeuble entier dans le lot d'un héritier et que cet immeuble ne dépasse pas la valeur de sa part héréditaire aucun droit ne sera dû. La part acquise, suivant nous, c'est ce qui excède la part de l'héritier *dans la masse héréditaire;* interpréter autrement la loi, serait soumettre une mutation deux fois au même droit et par conséquent commettre une iniquité.

Cette doctrine fut adoptée par l'administration elle-même; plus tard cependant elle admit l'opinion contraire et la jurisprudence lui donna raison (1).

Toutefois la jurisprudence admet une exception pour le cas où le partage et le procès-verbal de licitation seront présentés ensemble; dans ce cas on calculera le montant de la part acquise, d'après le montant du droit de l'adjudication dans la masse héréditaire.

Notre doctrine doit s'appliquer encore que des étrangers aient été admis à la licitation, mais bien entendu, si l'adjudicataire était un étranger, le droit serait dû pour la totalité de l'immeuble.

De même que les soultes et retours de lots, la licitation n'est pas de nature à être transcrite et par conséquent doit échapper aux dispositions de la loi du 28 avril 1816; mais que décider si c'est un héritier bénéficiaire qui s'est porté adjudica-

(1) 14 novembre 1837.

taire? La Cour de cassation a décidé que le droit de transcription était dû (1). Le motif invoqué par la jurisprudence est que l'acte est de nature à être transcrit puisque la transcription est nécessaire pour la purge. Ce motif n'existe pas, l'héritier bénéficiaire n'ayant pas, suivant nous, le droit de purger (2).

VI. *Actes équipollents au partage*. — L'ancien droit reconnaissait l'existence de ces actes et les assimilait au partage quelle que fût la qualification qui leur eût été donnée. L'art. 888 a reproduit ce principe en droit civil.

« Il était juste qu'un principe dont l'origine est due au droit fiscal, reçût son application dans la matière qui l'a produit (3).» Aussi fut-il admis sans difficulté par l'administration ; la cession de droits successifs quoique qualifiée de vente, si elle fait complétement cesser l'indivision, sera donc considérée comme une licitation et traitée comme telle. Ainsi que le font remarquer MM. Championnière et Rigaud, tout acte qui fait cesser l'indivision est un partage, et rentre dans une des trois classes suivantes : 1° partage pur et simple ; 2° partage avec soulte ; 3° licitation. On appliquera donc dans chacune de ces hypothèses, les règles

(1) Cass., 11 nov. 1823. — 15 janv. 1834. — 27 nov. 1872.

(2) Voy. sur ce point une consultation de M. Valette. Dalloz. 1873, 1re partie, p. 197.

(3) Championnière et Rigaud., *op. cit.*, n° 2702,

que nous avons données ci-dessus à propos de chacun de ces actes.

Si l'acte ne faisait cesser l'indivision qu'incomplétement, il y aurait lieu à la perception des droits de mutation (voir l'article précité de M. Labbé, *Journal du Palais*, année 1875, p. 1150).

POSITIONS

———

DROIT ROMAIN

I. — Le juge ne pouvait jamais condamner le demandeur.

II. — Sous le système de la procédure formulaire, la *condemnatio* avait toujours pour objet une somme d'argent.

III. — Sous le système de la procédure des actions de la loi, toutes les actions n'aboutissaient pas à des condamnations en nature.

IV. — Le juge n'était pas toujours tenu de condamner ou d'absoudre ; il pouvait prendre un troisième parti et se désister, en jurant « *sibi non liquere.* »

V. — Quand la *condemnatio* contenait ces mots : « *Quanti ea res erit,* » il fallait en principe leur donner le sens de ceux-ci : « *Quod interest actoris.* »

VI. — La prestation de la valeur de la *causa*, depuis l'époque de la *Litis contestatio* jusqu'à la *condemnatio*, était obligatoire pour le défendeur, qui perdait son procès. Cette règle fut admise d'abord pour les actions réelles et arbitraires, ensuite pour les actions de bonne foi, et en dernier lieu pour les actions de droit strict.

DROIT CIVIL

I. — L'art. 883 contient une fiction.

II. — La licitation est une vente quand elle a lieu au profit d'un étranger.

III. — Elle est, au contraire, déclarative quand elle a lieu au profit d'un héritier bénéficiaire.

IV. — Quand un acte diminue le nombre des cohéritiers sans faire cesser complétement l'indivision entre eux tous, il faut, pour connaître la nature de cet acte, attendre que l'indivision ait cessé d'une façon complète. Si les biens qui ont fait l'objet du premier acte sont attribués à un héritier, cet acte constituera un partage; s'ils passent entre les mains d'étrangers, l'acte sera une aliénation.

V. — L'acte qui attribue une créance héréditaire à l'un des cohéritiers, est une cession vis-à-vis du débiteur et un partage vis-à-vis des tiers.

VI. — Les aliénations faites pendant l'indivision par l'un des cohéritiers tombent sous le coup de l'art. 883.

VII. — Le majeur dans le lot duquel est mis un fonds dominant, peut se prévaloir de la présence d'un mineur dans l'indivision, pour soutenir que la servitude n'a pas été éteinte par le non-usage.

VIII. — Lorsqu'un époux marié sous le régime de la communauté est héritier pour partie, dans une succession ouverte pendant le mariage ou avant, mais dont le partage n'est pas encore effectué, les rapports entre cet époux et la communauté se règlent d'après la proportion qui existe entre les meubles et les immeubles héréditaires au jour de l'ouverture et non d'après les résultats du partage.

IX. — L'art. 883 est inapplicable au règlement des droits respectifs des légataires des meubles et des immeubles d'un cohéritier mort avant le partage.

DROIT ADMINISTRATIF

I. — Le droit gradué de la loi du 23 février 1872 est seul exigible en matière de partage, encore que les copartageants n'aient pas un titre commun.

II. — Le cohéritier adjudicataire ne doit le droit proportionnel que pour ce qu'il reçoit en plus de sa part dans la masse héréditaire.

DROIT DES GENS

I. — L'État n'est pas justiciable des tribunaux étrangers.

II. — L'État requis doit refuser l'extradition quand la prescription s'est accomplie d'après sa propre loi, encore que les délais nécessaires ne soient pas écoulés d'après la législation de l'État requérant.

DROIT CRIMINEL

I. — La condamnation ne cesse pas d'être un élément pour la récidive, même après la réhabilitation du condamné.

II. — L'insensé qui, dans une intermittence de sa maladie, a commis un crime, ne doit pas être mis en jugement.

HISTOIRE DU DROIT

I. — L'ouvrage connu sous le nom d'*Établissements de saint Louis* ne comprend pas seulement une grande ordonnance émanée de ce prince. Cette œuvre se compose : 1º d'une ordonnance de saint Louis; 2º et 3º de deux coutumiers de l'Orléanais.

II. — On ne pouvait à son gré changer de nationalité sous l'empire de la loi salique.

Vu *par le président de la Thèse :*

C. Bufnoir.

Vu, *pour le doyen de la Faculté empêché :*

De Valroger.

Vu et permis d'imprimer,

Le Vice-Recteur de l'Académie de Paris :

A. Mourier.

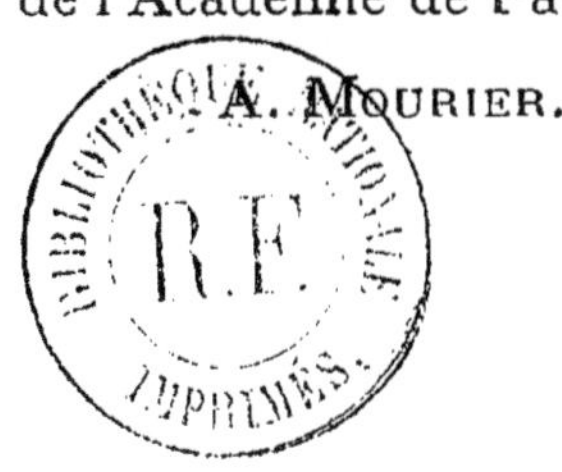

Paris. — Typ. N. Blanpain, 7, rue Jeanne.

PARIS-VAUGIRARD. — TYPOGRAPHIE N. BLANPAIN, 7, RUE JEANNE.